本書係「敦煌文獻系統性保護整理出版工程」項目成果

二〇二一—二〇三五年國家古籍工作規劃重點出版項目

「十四五」國家重點出版物出版規劃項目

國家古籍整理出版專項經費資助項目

中國國家圖書館藏敦煌文獻

中國國家圖書館 編

第三册

BD00035～BD00052

國家圖書館出版社

DUNHUANG MANUSCRIPTS IN THE NATIONAL LIBRARY OF CHINA

003

BD00035 ~ BD00052

compiled by the

National Library of China

National Library of China Publishing House

顧問　方廣錩　郝春文　榮新江　李際寧

編纂出版　張志清　魏　崇　陳紅彦　殷夢霞　薩仁高娃
謝冬榮　劉　波　林世田　廖生訓

編纂　林世田　薩仁高娃　常蓋心　于　瑞　劉毅超
劉　波　劉炳梅　周升川　劉　婷　程佳羽
沈艷麗　高　雅

編輯　潘　竹　程魯潔　黄　鑫　苗文葉

審稿　孫　彦　耿素麗　宋志英　鄧咏秋

凡例

一　本書刊布中國國家圖書館藏敦煌文獻，以館藏編號爲序編排。

二　館藏編號采用「BD+流水號」格式，如BD00001, BD16579等。背面在編號後加v表示。一個編號包含多件文獻者，編號後分别綴以字母A, B, C等。一件文獻含有多個内容者，以數字-1, -2, -3等標明順序。

三　圖版有縮印或放大處另加説明，尺寸超出本書幅面的以摺葉形式呈現。

四　卷軸裝、梵夾裝、經摺裝等裝幀形制的敦煌文獻，各附外觀圖像。

五　每件文獻依次呈現外觀、正面、背面等。背面僅刊布有文字、圖像或其他要素的圖版，而略去素紙部分，背面圖版同樣以從右到左順序編排。凡有外題者，遵從以上原則。

六　除個别特殊情況外，爲保證閲讀連貫、流暢，圖版儘量通欄呈現。

七　各葉上方附該件文獻全圖，以高亮形式顯示本葉大圖在全卷中的位置。部分長卷文獻全圖衹能分多段呈現時，在上段末以‹符標示下段接續。卷尾内容不足一葉時，文獻全圖使用該圖卷尾部分，亦以‹符標示。背面圖版文字與正面文字方向相反時，文獻全圖按原貌顯示，正文翻轉呈現，以便閲讀研究，用↻符標示。

八　文獻題名大體沿用中國國家圖書館此前所編多部敦煌文獻目録的考證，部分吸收學界最新研究成果略作調整和完善。文獻題名綜合參考原卷首題、尾題、外題確定，如原卷題名與該文獻正式名稱不同，則采用正式名稱；無題名者，或比定題名，或擬定新名。非漢文文獻在題名前標注語種。有分卷不同等其他情況者，括注於文獻名稱後。

九　本書著録使用通行繁體字，涉及原文中的人名、地名等，必要時保留原字形。

About this publication

1. The documents are presented in shelfmark order.
2. The shelfmarks are in the form BD plus a running number, eg. BD00001, BD16579, &c. If a given shelfmark contains multiple documents, these are distinguished by the letters A, B, C, &c. If a document has multiple contents, they are distinguished by the numbering 1, 2, 3, &c. The verso side of an item is indicated by the letter v.
3. If it has been necessary to reduce or enlarge the size of an illustration, the dimensions are indicated. If the size of an illustration exceeds the size of the book, a folding sheet is used.
4. If the document is a scroll, a folded sutra, or has a stitched binding, a picture of the whole object is provided to show its external appearance.
5. The cover, front, and back of each document are reproduced in sequence. The back of a document is only reproduced if it contains text, illustrations, or other markings, and it is oriented from right to left. If it is blank it is not reproduced.
6. Except in a few special cases, the lines of text are reproduced unbroken to make them coherent and easier to read.
7. An illustration of the complete document is reproduced at the top of each page, and the section where the main illustration appears is highlighted in order to indicate its position. If it has only been possible to reproduce a long scroll in sections, the direction symbol has been used to indicate where one illustration ends and the next one begins. If the end of the scroll occupies less than one page, the direction symbol is used to indicate its position in the illustration of the complete document. If the text on the back of the document has a different orientation from the text on the front, it is reproduced as it is, but is also rotated (indicated with the rotation symbol) so that it can be read easily.
8. The titles of the documents generally conform with those already established by the Library, but in some cases have been amended by drawing on the most recent scholarly research. The titles are derived firstly from the beginning of the text, then from the end of the text, and lastly from the cover. If the title of a document differs from its authoritative form, the authoritative form is used; and if a document has no title, one is either supplied by comparison with similar documents, or a new one is devised. If the document is not in Chinese, its language is indicated before the title. If the number of juan is different from that of the authoritative version, or if there are other irregularities, this is noted.
9. The documents in the book are in traditional Chinese characters. Where the title contains personal or place names, the original characters used for these names are retained.

(Translated by David Helliwell)

第三册目録

BD00035 藥師琉璃光如來本願功德經

（唐）玄奘 譯

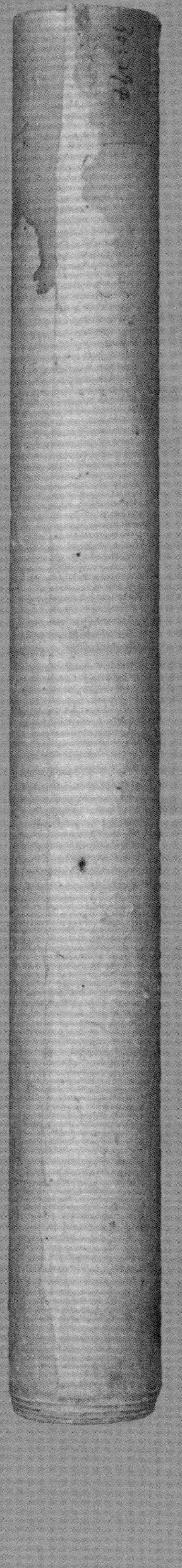

232.8cm×27.5cm

意樂便能捨家趣於非家如來法中受持
學處无有毀犯正多聞解甚深義離增上
慢不謗正法不為魔伴漸次脩行諸菩薩
行速得圓滿
復次曼殊室利若諸有情慳貪嫉妬自讚
毀他當墮三惡趣中无量千歲受諸劇苦受
劇苦已從彼命終還生人間作牛馬駝驢恒
被鞭撻飢渴逼惱又常負重隨路而行或
得為人生居下賤作人奴婢受他驅使恒不
自在若昔人中曾聞世尊藥師瑠璃光如來
名号由此善因今復憶念至心歸依以佛神
力眾苦解脫諸根聰利智慧多聞恒求勝
法常遇善友永斷魔羂破无明鷇竭煩惱河
解脫一切生老病死憂悲苦惱

復次曼殊室利若諸有情好憙乖離更相
鬪訟惱亂自他以身語意造作增長種種
惡業展轉常為不饒益事互相謀害告召山
林樹塚等神殺諸眾生取其血宍祭祀藥叉
羅剎婆等書怨人名作其形像以惡呪術而
呪咀之厭媚蠱道呪起屍鬼令斷彼命及壞
其身是諸有情若得聞此藥師琉璃光如來名
號彼諸惡事悉不能害一切展轉皆起慈心利
益安樂无損惱意及嫌恨心各各歡悅於自
所受生於喜足不相侵凌互為饒益
復次曼殊室利若有四眾苾芻苾芻尼鄔
波索迦鄔波斯迦及餘淨信善男子善
女人等有能受持八分齋戒或經一年或復
三月受持學處以此善根願生西方極樂世界
无量壽佛所聽聞正法而未定者若聞世尊

无量壽佛所聽聞正法而未定者若聞世尊
藥師瑠璃光如来名号臨命終時有八菩薩乘神
通来示其道路即於彼界種種雜色衆寶華
中自然化生或有因此生於天上雖生天中
而本善根亦未窮盡不復更生諸餘惡趣天
上壽盡還生人間或為輪王統攝四洲威德
自在安立无量百千有情於十善道或生剎
帝利婆羅門居士大家多饒財寶倉庫盈溢
形相端嚴眷屬具足聰明智慧勇健威猛
如大力士若是女人得聞世尊藥師瑠璃光
如来名号至心受持於後不復更受女身
尒時曼殊室利童子白佛言世尊我當誓於
像法轉時以種種方便令諸淨信善男子善
女人等得聞世尊藥師琉璃光如来名号乃
至睡中亦以佛名覺悟其耳世尊言[illegible]七

經受持讀誦或復為他演說開示若自書若
使人書恭敬尊重以種種華香塗香末香燒
香花鬘瓔珞幡蓋伎樂而為供養以五色綵
作囊盛之掃灑淨處敷設高座而用安處
尒時四大天王與其眷屬及餘无量百千天
衆皆詣其所供養守護世尊若此經寶流行
之處有能受持以彼世尊藥師瑠璃光如來
本願功德及聞名号當知是處无復橫死亦
復不為諸惡鬼神奪其精氣設已奪者還
得如故身心安樂
佛告曼殊室利如是如是如汝所說曼殊室
利若有淨信善男子善女人等欲供養彼世
尊藥師瑠璃光如来者應先造立彼佛形像
敷清淨座而安處之散種種花燒種種香以
種種幢幡莊嚴其處七日七夜受八分齋

敷清淨座而安處之散種種花燒種種香以
種種幢幡莊嚴其處七日七夜受八分齋
戒食清淨食澡浴香潔著新淨衣應生
无垢濁心无怒害心於一切有情起利益
安樂慈悲喜捨平等之心鼓樂歌讚右遶
像復應念彼如來本願功德讀誦此經思
惟其義演說開示隨所樂願一切皆遂求長
壽得長壽求富饒得富饒求官位得官位
求男女得男女若復有人忽得惡夢見諸惡
相或怪鳥來集或於住處百怪出現此人若
以眾妙資具恭敬供養彼世尊藥師琉璃光
如來者惡夢惡相諸不吉祥皆悉隱沒不
能為患或有水火刀毒懸嶮惡象師子虎狼
熊羆毒虵惡蝎蜈蚣蚰蜒蚊虻等怖若能至
心憶念彼佛恭敬供養一切怖畏皆得解脫

他國侵擾盜賊反亂憶念恭敬彼如来者亦
皆解脫復次曼殊室利若有淨信善男子善
女人等乃至盡形不事餘天唯當一心歸佛法
僧受持禁戒若五戒十戒菩薩四百戒苾芻
二百五十戒苾芻尼五百戒於所受中或有
毀犯怖墮惡趣若能專念彼佛名号恭敬供養
者必定不受三惡趣生或有女人臨當產時受
於極苦若能至心稱名礼讚恭敬供養彼如
来者衆苦皆除所生之子身分具足形色端
正見者歡喜利根聰明安隱少病无有非人
奪其精氣
尒時世尊告阿難言如我稱揚彼佛世尊
藥師琉璃光如来所有功德此是諸佛甚
深行處難可解了汝為信不阿難白言大德

深行處難可解了汝為信不阿難白言大德
世尊我於如來所說契經不生疑惑所以者何
一切如来身語意業无不清淨世尊此日月
輪可令墮落妙高山王可使傾動諸佛所言
无有異也世尊有諸衆生信根不具聞說諸
佛甚深行處作是思惟云何但念藥師琉璃
光如来一佛名号便獲尒所功德勝利由此不
信返生誹謗彼於長夜失大利樂墮諸惡
趣流轉无窮佛告阿難是諸有情若聞世尊
藥師琉璃光如来名号至心受持不生疑惑
墮惡趣者无有是處阿難此是諸佛甚深所
行難可信解汝今能受當知皆是如来威力
阿難一切聲聞獨覺及未登地諸菩薩等皆
悉不能如實信解唯除一生所繫菩薩阿難

人身亦難於三寶中信敬尊重亦難可得
聞世尊藥師瑠璃光如来名号復難於是阿
難彼藥師瑠璃光如来无量菩薩行无量巧
方便无量廣大願我若一劫若一劫餘而廣説
者劫可速盡彼佛行願善巧方便无有盡也
尒時衆中有一菩薩摩訶薩名日救脱即
從座起偏袒一肩右膝著地曲躬合掌而白
佛言大德世尊像法轉時有諸衆生為種種
患之所困厄長病羸瘦不能飲食喉脣乾燥
見諸方暗死相現前父母親屬朋友知識啼
泣圍遶然彼自身卧在本處見琰魔使引其
神識至于琰魔法王之前然諸有情有俱生
神隨其所作若罪若福皆具書之盡持授與
琰魔法王尒時彼王推問其人筭計所作隨
其罪福而處斷之時彼病人親屬知識

殃魔法王尒時彼王推問其人筭計所作隨
其罪福而處斷之時彼病人親屬知識若
能為彼歸依世尊藥師瑠璃光如来請諸衆
僧轉讀此經然七層之燈懸五色續命神幡或
有是處神識得還如在夢中明了自見或經
七日或二十一日或三十五日或四十九日彼識
還時如從夢覺皆自憶知善不善業所得
果報由自證見業果報故乃至命難亦不造
作諸惡之業是故淨信善男子善女人等皆
應受持藥師瑠璃光如来名号隨力所能恭
敬供養
尒時阿難問救脫菩薩曰善男子應云何恭
敬供養彼世尊藥師瑠璃光如来續命幡燈
復云何造救脫菩薩言大德若有病人欲脫
有苦當為其人七日七夜受持八分齋戒

飲食及餘資具隨力所辦供養苾芻僧晝
夜六時礼拜供養彼世尊藥師瑠璃光如
来讀誦此經四十九遍然四十九燈造彼
如来形像七軀一一像前各置七燈一一燈量大
如車輪乃至四十九日光明不絶造五色綵幡
長四十九搩手應放雜類衆生至四十九可
得過度危厄之難不為諸横悪鬼所持復次
阿難若剎帝利灌頂王等灾難起時所謂
人衆疾疫難他國侵逼難自界叛逆難星
宿變恠難日月薄蝕難非時風雨難過時
不雨難彼剎帝利灌頂王等爾時應於一切
有情起慈悲心赦諸繫閉依前所説供養之
法供養彼世尊藥師瑠璃光如来由此善根
及彼如来本願力故令其國界即得安隱風

BD00036 四分律戒本疏卷一

1091cm × 31cm

受故名作持共[illegible]
循善行行本所受名之為犯懺愧過[illegible]亦名為持[illegible]
非一往善成然亦毀而還復第二白[illegible]能懺悔持然犯有二
一者作犯現違聖教廣造諸過稱為作犯二者止犯不唯教奉循止而
有違故名止犯對斯二犯悔而還復並稱為持上來已弁教之宗旨其
唯受隨若无其受則行无所起以有受故衆行得生若无隨
行便戒羸等失以有隨故令受光潔故地持云此二種戒攝受
无量諸餘淨戒是故須受隨二法　就受門中廣釋緣躰
光明受緣後辯受躰　言受緣者八門解義一釋名第二解
義揔別第三能秉教人師徒位別第四教所被者聖凡不等
五種緣多少[illegible]以戒時節第七受捨漸頓第八
[illegible]名多少不定或五四受言无上[illegible]
法或五六受[illegible]上是自誓受戒不然之義今
約四分宜五五受言五受者謂善來上法三歸八敬羯磨第是
言善来者此人宿植妙因道根深聞佛說法幷證初果深猒生死
悕求出家佛言善来比丘即度戒品故曰善来亦可此等諸人深猒

理超出相有惱學能加故稱上法无欲迦葉修道進德惑盡能
滿會上法而發具戒故曰上法名可盡无生智超出學來會而
得戒故曰上法故母經中遠立善根上受具足言三歸者此等諸人
未感知來玄悟見道但託小聖諸阿羅漢等以爲良緣名誘歆二有
歸來出家母云諸羅漢等教令剃頭染衣并仗三寶歸依心成即發
具足故　仏卻女人不聽在道波闍聞之特
生歡離遂　阿難見已爲其三請如來遂宣
敬法阿難傳授愛道聞之尊斯八法作奉行之意即發具足故
曰八敬言羯磨者斯等人輩要假強緣扶彼弱因方能發戒緣彼
僧衆羯磨言下而發戒品隱其能秉就所秉彰名故曰羯磨受
戒此五受法得名有四善來就境善謂行者求戒心來是聖教哉
可讚歎受名有心受戒仏言善來故尔上法從境又可當就受名
遠立善根上受具足故謂盡无生智歸敬二受約境就心羯磨從
教名可功德謂名辯事故　第二總別四受是別羯磨是總從
遂緣彰名或四或六而羯磨統收故說爲總問羯磨受戒既有四緣
何故獨彰羯磨餘不彰名者何一釋云從餘緣彰名乃有多種今
且隱別就一、妨　第三秉人多論判言見諦自

何故猶𥎞羯磨餘不彰名者何一釋云從餘緣彰名乃有多種今
且隱別就二一、　　　　　妨　第三秉人多論判言見諦自
得餘六從他　　　　　類彼論以判此五遠而言之盡從仏
受以仏出世有是計若以義推上法得戒名為自受餘之四種是
從他得云何上法名為自受論云以根本而言由仏説法得證无漏𤼵於
具足名從仏受以義而推自以盡智明之現前而得具戒又名自得不從
他受故論云若法者仏五比丘受師等若尔何故論云從他教得荅法
據遠因而説善来八敬是仏所秉名從仏受三歸羯磨弟子所秉
是從弟子言教下得　第四所被分別四分律并善来受戒局在聖
位故律中云見法得法得果證已去得无漏解脱心出家至順之極方
應善来𤼵具足戒内凡已還想心所聞非至順之極故闕不度又
上法受者要第四果以其惑盡解滿故尔三歸八敬内凡已上是
多論此二受法不言羸不捨故知内凡已去言羯磨受者始興為凡一興
已後三人又　　　見經淨行梵志得初果已羯磨為受四分律中達
花色尼亦同此例　第五種緣多少善来受戒具四緣得一證初果受
言見法得法已二而有出家善心文言欲於如来法中修梵行故三假
對仏形文云前白仏言四假仏教謂聖命善来上法受戒具三緣𤼵
[illegible]

〼其〼時清在心三得无〼〼解〼盡智現前時得具戒〼云五〼

亦具三緣一假弟子形對諸羅漢二假弟子教謂口授三歸言辭无
錄三歸依心成領前歸依故能得戒八敬受戒具四緣發一假仏
八敬之教二假弟子形三弟子教謂口宣八敬四奉行之意故愛道自
陳我等頂受羯磨受戒具足四緣如律所說一僧數滿足緣二教法
成就緣三結界成就緣四身无遮難緣若具此四是大比丘得成戒
本犯戒之人四中若闕非大比丘故須此四方成比丘　問善來等
受以心為緣羯磨一受何故不尔　答羯磨非不有心以假外緣作法
從強以弁故沒因名又可羯磨四心俱得迴鑑不弁心緣　又唯母論前四
心為緣羯磨一受雖文不列要亦須心故律文云眠醉狂等不得戒故
第六得戒時節善來受者唱善竟即發具足故律云乃至得盡
苦原上法受戒盡智現前時得以小乘分齊羅漢梵行已立自然戒淨
故更不從他受戒　問此上法得者得作无作不　答以非作法但得无作
問既非作戒何因得發无作戒者　答以非學為故无其作以道力故得无
作戒三歸受戒第三語竟即發具戒　八敬受戒說第八訖即得戒品羯
磨一受羯磨竟便發具戒諸論大同　第七受捨漸頓先明受漸頓
羯磨一受亦漸亦頓餘之四受頓而非漸如何羯磨漸頓先受五戒次受
十戒後受具戒是名為漸若不受五戒十直受具戒得三種戒說之為頓

羯磨一受[illegible]
十戒後受具戒是名為漸若不受五十戒直受具戒得三種戒說之為頓
問若一時受得三種戒者何須漸受 答修習仏法必須次第先受五戒以
自調伏信樂漸增次受十戒善心轉深次受具戒如是次第得仏法味好樂
堅固難可退敗不失次第不破威儀如趣大海漸ニ深入一時受者既失次第又
破威儀故須漸 問一時頓受得三戒者其无作躰為一為三 答但發具戒一
无作躰更无餘二无作之躰若尔便是一戒如何言三 答此並受得防殺无作
与沙弥俗人同戒者其實躰一是以多論家據其躰望三人始終位別言得
三戒理實三无一 問所以得知但一无三 答即此論文解次第受中俗人下
品五戒為中品心受沙弥戒前五戒仍本下品五戒外發方為中品上品心
受具本前二品仍猶下中 五十外發始為上品據斯以驗次第漸受
三時心別同戒无作 尚不發三起況一時受者而得有三故知漸次望位別
作三非躰有三点可心論云一切回一切交得三戒者三時漸受之既時別重發无
作有三躰故若論頓受既一時方可名為望位為三非躰有三
為解捨之漸頓若望四受之捨俱頓羯磨捨受並含漸頓為但羯磨一受
一受制局漸捨兼漸 問羯磨頓受既得三戒捨時云何 答義含漸
頓若也要心三戒俱捨則頓失三是名頓捨若言我作沙弥但捨具戒言

云何漸捨若得漸捨便成三躰如何言一若比丘一時受防煞无作通沙弥
俗人共有防非是故捨時要心捨具不捨十戒若与沙弥戒同心則在故律文
言我作沙弥以十對五義亦同尓故言我作優婆塞是以論說據躰通
三人有共用義故望位說三非躰有三如此釋時頓受漸捨義亦无防故
多云辟如樹葉夏青秋黃冬時則白宜躰有殊隨時異故樹葉色異
而始終一葉戒亦如是常是一戒隨位異故是以羯磨一受〻捨俱頓並漸善
来等四唯頓非漸以无作法躰故　苐八優劣如多論說若執灾患有无四受
是膝羯磨為劣若取任持仏法利益寬長羯磨一膝餘四受劣言四膝一
劣者羯磨受者內實凡夫福德淺薄感得此戒多諸灾患容有虧上折下奉
持心劣令戒有羸餘四受法內凡已去理解心中受得其戒持心堅固肥而
不羸二者羯磨凡夫容有不系道法捨本所受餘四受法系道情殷理无
退捨三者羯磨容有轉為二形餘受法復无此變四者羯磨受人或起邪見
斷捨善根餘四理解不斷善根羯磨一受或有上四故稱為劣餘四受法无
前過非是以名膝此對始興若聖人受亦是其膝言一膝四劣者羯磨一受乃
具六義一是時長謂通現未二處遍三方除欝單越三報兼男女四謂說
凡聖五所被无數亦多生作法以斯諸義仏法始終以白四羯磨為宗本能繼
續三寶作无邊益利有情之內莫大羯磨故名為膝除四受中善来

凡聖五所被无數〻多生作法以斯諸義仏法始終以白四羯磨為宗本能繼
續三寶作无邊益利有住持之功莫大羯磨故說為勝餘四受中善來
一受終盡雙林自外三受中間即亡又局閻浮不說餘二凡聖位差報
局男女對前六義耳各闕少紹繼功微故稱四易發戒緣竟
第二次弁受躰於中四門料簡第一釋名出躰二戒先後第三受隨同異
第三弁發戒緣第四所發多少第一言釋名者戒相雖衆義要二種一曰作戒
二无作戒先釋別名作与无作〻解通名所目〻戒言作者謂方便身口起動
造作稱之為作故心論云作者身動方便言无作者身動滅已与餘識俱彼
法隨生名為无作如善受戒穢汙无記心現前善戒隨生惡戒亦尔〻釋通
名戒者此作无作俱有飜防感稱為戒依善生經通有五名一名為制〻斷
一切諸不善故名為戒又名迮隘雖有諸惡性不容受故名為戒又名清涼遮
熱煩惱令不入故又名為上能上天堂至无上道又名學謂依心智故名戒此之
五義是義用釋名是故從用立名稱之為戒然於五中迮隘清涼是義名
餘三用名問何故得知有作无作答諸論廣明二種戒躰一如心論第三羯磨
剎那作及无作根本業道又云身口作前二有對身口无作俱不可見无對二
多論云初念戒有身口教及无教第二念唯有无教无有〻教三十住毗婆

須兩戒此從言耳如上法得戒以道力故得无作戒　次弁戒躰若依多論作无作
戒並是色法為躰此義可謂六種分別一有為无為分別二戒俱是有為
法聚非三无為故第二有為中三聚分別作无作戒並色法為躰心及
四相不相應法是其戒因故論云作及无作假色是分別色陰第
三色聚中三色分別一可見有對色謂色入二不可見有對色謂五根
四塵三不可見无對色謂法入中无作若言作戒前二色収无作戒者第
三色攝故伽心二論云身作可見有對口作不可見有對身口无作俱不
可見无對論云身作前二色中唯色入攝口作戒者是聲入収非餘八色其
二无作並法入躰攝此作无作俱是色陰第四就色聲中報方便分別色雖
通報及方便然身作是方便非報故心論云作者身動身方便口作唯方
便以聲非報法故身口二无作非報非方便第五三性分別身口色聲是善非
餘兩故心論云以清淨心動身口名善作等即向初色有廿種前十二唯无記後
八高下長短方圓正不正通三性局取善邊耳作戒躰三聲之中謂除第三
因不受四大聲如風雷等唯无記故就初因受四大聲第三因俱聲此二通
三性中各取善聲邊為口作躰況論身口无作通於二性今論戒故是善性
攝第六始終分別此善作中通於終始不取始謂始從請師終至羯磨未竟
要心未應善而非戒第三羯磨竟一刹那頃是所請思願戒既善而是戒故

攝第六始終、分別此善作中通於終始不取始謂始從請師終至羯磨未竟
要心未熟善而非戒第三羯磨一刹那須要斯心滿思願成就善而是戒故
局取終然依得宗无作之戒定用非色非心為躰作戒者取文不定或有取文色
心為躰故論文言業者非直音聲要以心力助成故知身業亦以心力助成明知
二業色入為躰又引論文以心為躰是故論言離心无身口業故知二業用
心為躰又假色為身口業躰故論云身口業依心四大意業依心若身口
業非四大為躰性者意業依心亦不應以心為躰然意業依心故即說意
業用心為躰故知身業以四大動為業業无別躰即用四大作躰口業者四
大相繫於中出聲聲成音曲有所表彰以為字句為口作業業无別躰用聲
作躰是以論云是法名聲性法入所攝故以遠從四大即聲成故用聲為躰身
業近依四大故即用所依心為躰　次明二戒先後依心論說似一時得
故文言第三一念作无作根本業道又多云初念戒有教无教後次第
生戒第二念但有无教无有教故知一時然无作三時有非戒者一者因時无
作但是作俱是非全戒躰二身是果時无作无作有二一是作俱二是形俱
一種方是戒躰三謂果後唯局形俱此是戒躰以其果時有形俱故明一時得
若依此宗以先後發故實云問齊何名為无作答第二念須名為无作以作

因緣發生无作〻已過去唯有无作其心雖在惡无記中本所作業不名
漏失棲斯以弁明先後发　第二受隨同異者解受隨義一譬如一
楫能捍衆敵為破斯義故立此受隨二法並作无作先解无作有
其七種一道共无作二定共无作三形俱四要期如日夜及處中要期等
五隨業无作如隨戒无作及處中隨作業发者是六事无作如塔寺
橋船等事存時念〻发无作等七隨用无作即前事存有人用時
復發无作者是就此七中形俱定受要期通二餘五定隨次弁同異受
隨无作同義有三謂名躰義異須有六第一受中无作義均一品隨中无
作乃有優劣言受中无作一品者若本上品心受所发无作心增上故
戒名上品或容犯罪或終至羅漢更无增減以其酬本一品心故中下心受
義亦同然三品各定故言義均一品隨中无作多品不定故優劣對五篇弁
此優劣者若就根條初勝乃至五劣若自分勝進五勝乃至初劣即應
五篇後第〻義又可一〻篇一〻戒心有增微事別不等即有九品〻持故
隨无作有斯階降　第二總別受中无作發心總斷一切惡意於生非

隨无作有斯階降　第二惣別受中无作發心惣斷一切惡意於生非
生類境得律儀故故稱爲惣隨行无作次第漸成不可頓起故名爲別
第三懸對受中无作懸有防非未即有行隨中无作對事防非行成
胶潔問懸未有非對即隨行受有何用　答若无其受隨不成隨
以其成一治故　第四長短受是形俱說以爲長隨行无作從緣行發非
形俱故目之爲短　第五有无者受中无作通三軆唯善隨无作者緣
非二性亦不通兩此校就性分別受隨俱善餘二並狹今約有无有通
不通受是形俱通在餘二性中故說爲寬隨是作俱等局善性中所
以言狹此既一心自作爲言若先後心及以教人餘二性中隨亦通有如教
相所詮犯不犯中亦同此狹故犯行中无不犯行若通既先後心及教
人犯行中亦有不犯行此即受隨俱寬作此解者然須約以爲三若局
善性俱狹受隨同善性故若隨人等俱寬以分通三性故若以自作
隨行對受分別方有寬狹此唯多論有四五不同若實依論不別寬
狹長短然須受中无作定是長寬隨无作者具於二種以道无作寬長尔
者一受是艮入道是故余六年一下引其同義有五冒名務義竟矣　長短

解受隨義一　第三弁發戒緣者若依薩婆多別解脫戒唯約見在
以過未非衆生故若准悳宗发戒之時不存過未心得戒以非衆生故現存
相續心中發戒以是衆生然受戒時要須三世境上所有之惡皆作斷意方
能發戒遝防三世境上非所以然者過去之境能生惡心故論云如人供養過
去所尊是亦得福律儀亦尔未来之境亦生惡心故須普緣惣作斷意方
能发戒又若過未不發戒者三世諸仏戒不齊等以其諸仏戒品齊等故緣三
世发戒也　問戒防未非毗尼殄已起何故得言緣三世境发遝防三世非也
荅境雖過去非之過去等以斯義故猶防未非是以須尔　第四发戒多
少諸戒雖衆不過二種謂作无作之已過去唯有无作一形相續此无作戒乃
有多品以所防之惡既有无量戒寧是一故多論云於一衆生數非衆生數而
發律儀言於衆生數者上至非想下至阿鼻可殺不可殺可誑不可
誑等之衆生乃至如來就根本而言不過有身口七惡三因緣故一貪
故起七二嗔之故起七三癡故七之三七廿一惡對防此惡受戒之時謂從无貪等三
善根心各得身口七枝合廿一種戒善乃至三千大千之衆生皆亦如是若一戒

善根思各得身口七枝合廿一種戒善乃至三千大千一切眾生皆然如是若十戒
五戒得十二種戒故思多二論於一切眾生一切時戒不斷或廿一種故經云眾生
无邊戒然无邊若非眾生數乃至草木生種大地非法衣食等及一切眾受
本受戒時要期不作還得尔所戒善功德故善生經云大地等无邊戒然无
邊出家僧尼仙聖弟子位尊人天寔由於此又准弓論四万二千福河謂四万二
千學處一切恒流其猶河水洗除破戒煩惱言四万二千者根本戒有四百廿所以
尔者如婆藪升律戒有二百多明輕戒優婆提舍戒有一百廿一多明重戒比丘
尼別戒九十九合成四百廿是一一戒有攝僧等十功德一一功德能生十種正行謂信
等五根无貪等三及身口二護一戒即百合戒有四百廿豈非四万二千又解无願
比丘尼若謂弟三羯磨竟時四万二千學處一時並起无一戒不生故稱无願授斯以驗故
知戒量不可勝數問僧尼二眾戒數各尔何以比丘无願比丘尼直言四万二千耶一解授
二種通說若取實理各隨本戒二約搏根義釋俱有四万二千上來受戒法門
辯之自下隨戒寄文中說　第三正釋戒經題目言四分者蓋是一百年後五
部之內一部之別名言戒者是比丘都教之宗然大聖如來始從婆羅柰終沱

毗尼藏偹傳於世然優波毱多有五弟子各執一見以為楷准至傳聖教不能
均融齊於一是分離遂為五典各自相傳並流季世究其宗旨无非仏說
如破金杖並為金用惣別之教咸可受持本一金別義興於此又依三藏
傳云一百年後分為五部二百年後為十二部四百年後分作十八隨相雖有多種莫
不皆是一大毗尼藏故文殊請經仏說偈曰摩訶僧祇部分別出有七躰毗尼十一
是為廿部十八及本二悉從大乘出无是亦无非我說未來起樓斯以論明知四
分名者於多部中一部之別名若就能衆應言曇无德戒本此名法護今約所論
彰名故言四分四誦成部因以名焉今此戒經從彼律出故云四分戒本隨文釋中之
雖法博聖凡見異分釋多種不定今且約一義文分為三一者序分二者正宗三
者流通初定三文第一從稽首礼至如是持已來名為序分第二從四波羅夷
法至七滅已還名為正宗第三從七毗尼已下至共成仏道是流通分次釋此三名題宗
由致教起之端名之為序此五篇七聚及七滅法正明犯以不犯輕重等相被時之
益正當聖意當於序興又當機感故曰正宗法傳季世目之為流流而不擁
名之為通故曰流通次釋所以者說經由序制戒必有由藉故須序序分分既彰

名之為通故曰流通次釋所以者謂雖由序制戒必有由藉故須序〻分〻既彰
宜宣宗本故須正宗正說之文豈唯現在亦欲開演大文流傳像季末代等
聞企渴同悟故須流通就前序中復分為二初十二偈正明集主將欲流傳聖
教被及遐代恐時不信歸敬三寶嘆戒功能勸信奉循是故自作廣略二教通序
前開持毀之言以成說聽之本第二從和合已下是二教大宗發起之序於斯二序
六門解釋一明二序意三義故尔一人有師徒謂曇无德如來之別二時有現未三
經躰不同如來經者出於金口曇无德經傳於竹素以斯三異得有二經之有
二故須立二序第二序名不同就法以弁勸信發起若也約人曇无如來雖名有
殊且約前說第三總別偈序是別長行是總之別可知第四所明音異流演聖
教非信不傳故此偈序寄嘆戒功勸信奉循以明序義和合以下大聖欲明被
時之益輕重等相故彰發起第五先後次第問發起前興反在後說勸信
偈後迴在前明所以尔者答二種不傾故作如是一章制戒之相隔於勸信發起
不傾二顯曇无德勸信不具若勸信前明順前兩義故迴發起勸信後說
有可不勞為妨理而言之勸信之偈乃存流通事後何以不對正宗等以弁先

所謂畧廣嘆戒勸信 稽首禮次明能敬〻躬頭頂暨足身業致虔故曰稽首
又稽者屈也首者頭也故曰稽首 謂律主等行者身口意業身業恭禮
口業稱揚讚嘆意業信敬尊重此就能敬人業具成身口意并若屈明
敬躬其唯信致 諸佛及法比丘僧次明所敬〻境衆〻聖非一稱〻曰諸宜敬
教主而兼禮餘佛者顯教道理均化儀無二諸佛平等故須齊敬佛者
西音此方稱覺具一切智通達諸法自覺〻他三覺圓滿故名為佛已上稽
首〻通下二句〻意及所言法者有其二義一就體解法〻名自體二就用釋名
法行者軌則所言比丘亦是西音智度論中三義解釋一名乞士二意故乞一為
資身長道離四邪命正命自活故曰比丘二為益施主僧田行施獲反報〻福是
故須乞二名破煩惱比丘為破丘名煩惱能破煩惱故名比丘三曰怖魔能怖於魔及
魔人民故名怖魔具足三義故曰比丘所言僧者亦是西音此名和合謂四人
已上於理於事絶去違諍名和合衆比丘者能成〻目僧者所成〻衆總別合舉
故曰比丘僧此三種境世所珎貴咸稱為寶三寶不同略有一體別相住持九種
之異義如經論廣辨 今演毗尼法令正法久住從此已下章其敎意〻有二一

々異義如經論廣〻弁　今演毗尼法令正法久住從此已下彰其敬意〻有二一
能別敬二約惣敬言別敬者敬仏四意一仏是教主將傳聖教寧不致虔表師
資有依二報恩供養三開示僧尼遵奉〻儀四請威加護敬法三意一法是所傳〻
旨真〻益軌聚故以宜敬二示遵奉〻儀三請威加護次惣敬三意雜心論云開發
衆生三寶念是故稽首禮三寶成實論云三寶最吉祥故我經初說今律主敬
者為演〻毗尼勸時生信稟化相傳有久住〻益是其〻大益先解初文於中
宣故曰今演〻毗尼西音此方稱滅尅滅由於行教能功能彰名故說此教為毗尼
法毗尼〻名乃有多義如三藏義說一能引生是毗尼義謂戒三羯磨竟時能
引生四万二千功德一時並起二能教身口清淨及正直是毗尼義謂離業濁煩惱濁
故名身口清淨正直故向冊三有滅義是毗尼義性離諸惡業非不生故名為滅
罰勝故名毗尼謂引俗入道引小入大令凡入聖等五勝人所行是毗尼義謂一切聖
人同行此法惣攝律教一切都盡既有多義今翻滅者謂能得於滅且當第二句冊
第三滅義但經論廣〻明滅義今且略弁多少所言正法〻〻雖有四今約行教二法而
明正法故善見云仏語阿難我滅度後有五種法令法久住一毗尼者是汝大師二下至

不墜故曰令正法久住　戒如海无涯如寶求之无猒欲護聖法財衆集聽我說　此一偈
略嘆戒功能勸信奉脩所防之惡既有无量能防之戒寧有涯際故經云說言衆
生无邊戒亦无涯七寶之珎世俗所貴求之无猒七善律儀聖人所尊智者脩
學而无疲勞求之无猒玉帛珎寶躬桂不淨愚人常護勸令脩信等七法能
資聖道故名爲財智者常護勸令脩學戒律法門故曰聽我說欲除四弃法及
滅僧殘法鄣卅捨墮衆集聽我說　此一偈文勸捨極惡不善之業而令脩學
𦬊正因故多論說戒有四義餘經所无一者戒是仏法平地万善由之生長二者諸仏弟
子皆依戒住一切衆生由戒而有三是趣𦬊初門　四是仏法瓔珞而能庄嚴諸仏正法以
此七義故持戒之力能滅諸惡故勸聽說　毗婆尸式弃毗舍拘留孫倶那含牟尼加葉
釋迦文諸世尊大德爲我說是事我今欲善說諸賢咸共聽　此偈之文引仏爲證廣
略二教七仏同說是故我今勸令奉脩聽徒非一曰諸並有和直之行稱賢彙仁者廣
者詳審故言咸共聽　譬如人毀足不堪有所步毀戒亦如是不得生天人欲得生天
上若生人間者常當護戒足勿令有毀損　此二偈文而明持犯兩法前則彰其
毀足後乃況其之護持人欲遠步事必須甚之御足以敬遠至𦬊應存戒品具

毀犯後乃現其〻護持 人欲遠涉事必須其〻脚足爲欲遠至卌應存戒品具
足人足既損難進遠涉爲戒足闕況溺三塗故今勸令護戒如足是以經說
如人无足欲行遠路如鳥无翅欲飛昇高如海无船欲渡彼岸是不可得爲无
淨戒欲得聖果无有是處是故護戒勿令毀損 如御人嶮道失轄折軸憂
毀戒亦如是死時懷恐懼 此偈明毀戒之義御以喻身轄喻律儀軸喻根本
爲失小戒即犯根本故卌云勿輕小罪以爲无殃水渧雖微漸盈大器毀
戒〻喻亦復如是不護小戒即有犯重〻憂故四分律云破戒之人有五種過一
欲自害二智者所呵三惡名流布四臨終生悔五死墮地獄以此義故令奉脩
如人自照鏡好醜生欣慼說戒亦如是全毀生憂喜 此偈法喻如相合鏡喻
淨戒好醜喻持犯爲戒全時便生喜悦爲毀戒行有憂悲故毗婆沙云戒
如明鏡无我像現戒如瓔珞能嚴相好爲照淨戒毀犯乃見故言憂喜 如雨陣共
戰勇怯有進退說戒亦如是淨穢生安畏 此偈明進循持犯二門雨陣喻持犯
勇怯喻勝劣戒行爲全便進聖果以毀戒故退墮惡道持戒不犯便有卌安樂
惡戒因緣畏失證勝報智度論云破戒之人〻所不敬其處如冢譬如羅剎惡心

生故[illegible]无如是持淨戒者說无常滅正法不斷於[illegible]眾[illegible]是能於諸[illegible]
儀教授六法常和敬善御大眾心无憂苦來今佛共同讚持戒因緣法久住
是人能報諸佛恩又云戒是无上菩提本應當具足持淨戒為能堅持於禁
戒則是如來所讚嘆　世間王為宗眾流海為宗眾星月為宗眾聖佛
為宗一切眾律中戒經為上宗　此偈以勝比劣世王能護故名為宗大海深廣是
故名宗月能圓滿故名為宗佛具眾德是故名宗戒含多義是故名宗故經
說言以因此戒得生諸禪及滅苦智如海揔廓深淵无涯戒善理深資潤无窮
超於万行喻為於海為能行論定除細亂惠斷煩惱所以是勝根條往別戒
是根本定惠從生戒復是勝約教弁者餘詮定惠故二藏勝為詮根本毗尼
為勝今言宗者根本故宗摩夷論云眾有四種一生善勝名宗二滅惡中勝
故名為宗三相引故勝依有漏戒得无漏戒是故名勝四相益故勝依非
心戒勝於心戒一切勝實非戒不勝故戒經為上宗　如來立禁戒半月半月說
此半偈結前嘆戒勸信諸文單意難明寄言以彰申敬讚美立宗勸信為
久談德即廢所通通法宜標已情息嘆歸禮上來廣略二教通文舉自下
言略一段區意各分其三謂序正流通　和合僧集會從此已下

久談德即廢所通〻法宜梅已情息嘆歸礼上来廣〻略二教通文畢自下
廣〻略二教发起〻意各分其〻三謂序正流通　和合僧集會從此已下
廣明發起〻序四分律云時有与同師知識別部說戒法當尊重承事恭敬
布薩聽一處住和合說戒遠者与罪佛言有三種和合一應来者来二應与欲者
与欲三現前得呵者不呵反此別衆言僧集會者謂同一界皆應相嘆是佛
所教作法〻時共集一處若多若少乃至一人心念說戒是名集會　未受具〻戒者出
此明異衆儀式四分律云時有比丘令餘六衆處說戒事佛並令至不見不聞
處除人未受戒者非人来者聽之又不應在尼前作也若有異〻衆乃
令遠去下座應荅未受具戒者已出若无異衆應言此處无未受
戒人沙弥出時應誦五德十數不者得吉羅　不来諸比丘說欲乃清淨
此名和合之義時有病比丘不来聽戒佛言應与欲及清淨隨其廣略
若不見身相不口說者不成与欲以要言之一切如法事業因緣佛開与欲若无本
緣妄陳欲法不成与欲障僧說戒翻上成欲　誰遣比丘尼来請教戒　比
[illegible]

一□來既遣以若　若上座應……言尼衆

比寺无堪教授尼人又无善說法者尼衆應一心行道謹慎莫放逸彼答

言尔若无請者下坐應答此處无尼來請教誡　僧今和合何所作為

此白明問僧所作儀式若更有餘法事皆應此時先作為无餘事一人應答

說戒羯磨　上來是彖法方便　自下正作二同　大德僧聽今白月十五日衆

僧說戒為僧時到僧忍聽和合說戒白如是　此明作法儀式四分律中仏語

比丘當依王法黑白二月大小兩日隨國同稱言為僧時到諸作法時至

僧忍聽者勸衆祥和下白衆知故曰白如是以律文為有四人應作此

白三人已下當三說語戒獨住比丘心念布薩為不如是皆得吉羅

諸大德我今欲說波羅提木叉戒　此白明發起正說戒序將欲說戒

故標牓之　諸大德者先告衆也　波羅提木叉者西音此翻為別

解脫也由受此戒別棄捨種種惡故又能起解脫果之得名為解脫

律儀名不為惡衆所縛故名解脫又最初隨順解脫故名波羅提木

又是剋因標果稱又律中仏語比丘新受戒者未得聞戒不知何等

又是則因標果稱　又律中仏語比丘　新受戒者未得聞戒不知何等
聽集一處和合說之波羅提木叉者戒也　自攝持威儀住處行根
面首集衆善法三昧成就當結說當發起演布開現反覆分別
衆集現前嘿然聽善思念之　此白明聽法儀式是故律云同羯磨
者集在一處乃至應可者不可是名知法為衆大聲小數妙高座
立上而說八難緣隨時略說為客舊來集數有多少說至比座
告淨須聽廣知律仏端意專志而聽律法是名善思念之等
為自知有犯者即應自懺悔不犯者默默者知諸大德清淨此白明犯
不犯義所言犯者不謹之人放縱身口違禁興過不循善行汙本所
受名之為犯慚愧迴謝還令復本然名為持　雖非一往善成然之毀
而還復第二白法故名犯已能悔是故律云有二種智人有罪能見見已
如法懺悔所言不犯者上行之流一往順教惡離善行故名不犯所以律云
无犯有二為本不犯犯已能悔同名无犯為欲懺者當詣清淨比丘說

問者亦如是答　以白明問義□□但說戒之時須如是答若有犯
問答如是故四分律言如是答者譬如一々比丘相問答也是名亦如是如是
比丘在於眾中乃至三問憶念有罪不懺悔者得故妄語罪　此明違教
罪四分律云嘿然妄語者得吉羅罪是故眾中問時憶念有罪即應發露
若忘不憶雖嘿無罪若正說戒時彼時憶念惱亂大眾即應心念發
露說戒已後如法懺悔　故妄語者佛說障道法　此白明違罪果報
言鄣道者妄語之罪能令眾僧墮三惡道不獲聖果亦障四禪
及三々昧乃至四果是故律云佛告比丘如彼大海不受死屍設有漂出
我法亦尒不受死屍謂死屍者非沙门梵行自言沙門梵行犯戒惡
法不淨穢汙邪見覆善內懷腐爛外現白淨如空中樹雖在眾坐
常離眾遠眾亦遠彼故知懺罪方成聞戒若彼比丘憶念有罪欲求清
淨者應懺々悔々得安樂　此明懺法若憶初篇犯罪即應依大乘懺若
憶僧殘如律廣懺乃至吉羅類亦可知由懺因緣三業得淨是故律中佛告
比丘以戒求淨便得淨定乃至智惠亦復清淨三學淨故能列諸禪及證
聖果故曰懺悔得安樂　諸大德我已說戒經序今問諸大德是中清淨不三

聖果故曰懺悔得安樂　諸大德我已說戒經序今問諸大德是中清淨不
諸大德是中清淨嘿然故是事如是持此句結成受持也由衆嘿然故法事
皆成雖有三問共是一法故但得一罪上來已明廣略兩教發起別序從
此已下即明廣教正宗　諸大德是四波羅夷法半月半月說戒經中來
自下正宗宗之內物有八問以階輕重此一初明第一戒篇一篇之內皆有三段初
標說儀次陳本戒後問清淨此前一句文是其標也下至七問皆准於此問
所以得興廣教者答僧尼不勝名利廣生有漏壞其略教是以如來隨
有缺犯制廣補之使犯相斑輕重位別教禁群機有當時之益原意在
此故号正宗宗之旨不出身口正善受之与持犯相輕重但人多釋不可具錄今
且略校宗來分為二種一者止持行相二者作持行相此二種持能稱戒經始終
惣盡戒本之內且從八節樹義此八為五犯三十九十合為一犯惡說共為一
犯不定合在七滅故但為五將此五犯兩種解釋　第一惣相解釋　第二
各別釋義惣相之中四門分別第一五篇第二七聚第三方便第四持犯此

[illegible]
由因造緣差互不可有盡暢思業故方須悉為第三既識過相階差理須
譏持犯第四欲明五篇四解釋第一釋位第二弁名第三立五所以第四次第第一釋
位者比丘以正善為宗故用能治戒行以為所明四分律中名五犯聚僧祇
以為五篇對以一名說四戒名初篇十三僧殘以為第二篇卅九十共為第三篇
四提舍尼為第四篇衆學及滅淨為第五篇所言篇者輕重相形是故
名篇又云篇者類也又說均等名篇各具三均故名為篇一者名均齊二
者解均齊三者究竟均齊具此三均齊等故得篇名如前篇名戒但名
波羅夷輕重義等有此相似錄為初篇餘非類者理不得同乃至第五類
亦同尔　第二弁得名者夷當解得名祇云極惡三義故惡一者退沒謂退
失道果二不共住非二僧攝故三者墮落捨此身已墮阿鼻地獄故
即此極惡〻名害罪人是故當解得名僧殘者境解受名犯此罪
已垢纏行者非全堪用故名為殘有殘之罪由僧除滅故名僧殘言
墮者從解及境作名又云墮義墮罪有此能故從功能作名言提舍
者從對治境亦可責過受稱文言我犯可呵法言吉羅者從具語立名

者後對治境之可責過愛稱文言我等可訶說言吉羅者後具語立名
故見論云吉羅名惡作　第三立之意或言業有五故立名五篇之可雖
俗制道如五刑罪或可如來隨根之教略標七五　第四次第先就所防罪
解推尋本制之興隨犯而禁輕重軍乱无定今明次第可所依唯蓋是大
聖欲令斯法脩傳遐代故命優波離曲宣方軌亦以重輕次比於後故
優波離仏滅後一依聖教集仏所制正死之罪宜加先勒故并在初餘為輕者依
其階位乃至第五類以可知若棱能防行次第者初篇是行根本故須先
明初篇行壊下四枝條焉能得生是故初篇先立根本行既立已不脩衆
々法々不成經紐不立何能象法故立衆行為第二篇衆法雖成若不
脩條儀經綱難立故明第三身口威々儀々既尔若不離譏過若不
敬順三寶除遜弥諍反成滯尋縛在三有焉能出離是故第五
篇敬順三寶威儀淳熟趣道々々行此棱根本所以初勝若棱難
防第五宜勝乃至初篇　第二七聚四門分別一約位二立名三偷蘭
先後四入篇不入言約位者四戒為第一十三為第二一切偷蘭為第三
[illegible]

衆罪非一聚在一[illegible]
所防罪立名體唯不善故見論偷蘭名大遮能障道故名為偷蘭
提墮功能可訶約責立名第六約作得名故曰惡作第七就說為名故言
惡說言偷蘭先後者偷蘭過麁故能治之行在戒門攝者約均雜往分
須在第五以體含方便究竟之異雜門所收麁重是故須在均下雜上
位當第五又解作因故三為果故五為弁成他之成故尒　言入不入者
凡入五篇皆具三義一名均二體均三究竟均衰等四聚並具此義蘭中
但有名均雖是蘭聚闕餘二均以通因果含輕重故不入五篇所言輕
重有四種別　一不可懺如二逆是二大衆蘭初二篇下是三小衆蘭四對手蘭
一人邊懺輕者出界四人中懺殘邊重者同衰生輕殘邊輕者對手懺有此
差別故不入篇　第三方便於中有三一者遠方便二者進趣方便三者闕
緣方便遠者有果而不成進趣者以因成果闕緣者无果而可成言遠者
如自覆藏罪是非不藉此覆藏生於後犯名曰方便終不攬此以成
於彼故名為遠論其正體其唯究竟教人蘭者類亦同尒廣論五
犯甚可為遠如自稱得聖遠資犯逸如初五殘不淨以婬提中說故東
衣同行宿坐資犯初戒下二准可說知準此五犯與蒙為緣餘類相望容

稍莫可求道以自利以至道者雜道以利五殘不淨、於於口淺〼更
衣同行宿坐資具初戒下二准可說知舉此五犯與彼為緣餘類相望容
有由藉如斯等類名遠方便二進趣方便者心悕前事身口運動造境求
成故名進趣以律所明次〻偷蘭是名進趣方便三關緣方便於中有七一者關緣二
者境强三者緣善四者境善五者想心六者疑心七者善心息想名關緣方便二境强
方便者如欲煞人前境不定或見害我所彼緣强善此進趣擁思不成故曰緣境强三緣善方便
者欲害前人更有異人實伏怨更救覺或有緣來善此心不遂煞更故曰緣善方便四境善
方便者如非人想非人疑等是如下廣說煞[殺]王人來替者是五想心方便者起心煞人心緣非人者是
六疑心方便者起心煞人而生疑心為人雅死緣於兩境疑心煞者從兩境結罪七善
心息方便者可知此七方便諸部不定檢律性惡但云方便謂從境判闕無想疑文
言黄門想疑　磨觸女人無殘故遮　應具七如生非生想疑等吉若依五分不問遮
性一切俱六謂無疑故以疑是兩緣順有緣本心故從境判其心罪是以文言是女
疑殘非時疑等不滿疑皆得提罪故想究徹故不問性遮心境想應犯不想
應肆或蘭吉故人非人想煞蘭女男想黄門想觸蘭若說四分具足七方便第四持
犯此戒所明不過二種持犯就此二種各有其兩言二犯者廣造諸惡作而成犯名為
作犯於善不脩止而有違名曰止犯對此二過故立兩持若不作斷一切惡意離若不
究竟為欲離苦究竟須明止持以緣作犯若復不與脩一切善心得果不滿足為
欲持果滿足故須修作持以翻止果故俱二種此尋對文說可知若約身口弁持犯

年伏衆二年六結作知淨語復地壞生二入聚落及販賣脩習等是口作持身口
合者唯說可知身口兩犯又前后說意處身口故不說別說意思雖持犯如律所言亦
犯所起及中由身心及省審觀其意思汝以何心等皆是明成身口論云然獨意无
持犯故文但意思不犯又六犯中由身口不由心等是彼處論十不善業等品問一切業
意思業大所以毗尼不結罪者得福異結處法異故尔此二種持犯義如律廣從此
已下隨八文一一別釋先就初篇兩種分別第一惣想分別第二依文各各別說先
就惣想十門分別一業不孤起要等發等雖无量不出三毒故以初四配於三毒成
犯之想發雖由等觸必在具具論之所謂身口是以第二辨身口成犯身口之業不過
自作教人故次第三自作教人等亦自成要由託境是以第四犯境寬狹犯竟雖
衆莫過自他爲是第五境有自他境緣雖具无心不成心有魁渴所須亦
同對境差殊犯不犯已故此第六年其魁渴亦同雖心所標魁渴之殊及至
造（生）趣境有差年心有疑（謀）妄有犯不犯故此第七錯悟因果八下至任緣九立竟
次第十對持犯言起由三毒者不淨門戒唯己利已爲違故以三起貪成盜
煞二戒違遁損益以三事成妄語一戒是名以利己爲違与初不同貪癡
起成婬二事起者善生与若自樂行非梵行是名貪若婬怨家眷屬名往
瞋於所生母行名從癡而說境觸愚故並貪心成盜三事起成者貪心起所知若
盜怨家財物及燒埋等瞋起瞋成若盜下性是名從癡又祇律云摩摩（帝）
三用佛僧物名癡成煞三起成唯說可知妄語規利順情故无真心發思成業

三用仏僧物亦竊成煞三起成唯說可知妄語覘利隨順情故无真心發思成業
若小妄語理即通三二身口者位二婬戒身犯非口事狀形交非身不弁故
尔盜煞二戒盜ゝ雜定煞ゝ雖相濛故身業犯自作遣使致此俱弁故口有犯
知呪物過開教人盜煞等是妄語口業亦犯顯已得聖師名利非言不宣
故口亦犯知作書偈相亦在犯限故身亦在有成既依成論身口并造三白作
教人位亦有三婬戒自重教輕教人為非樂在前人違非我故能教不
重出家之人應怨勸人修善反更助惡故能教蘭盜煞二戒違道損益白
作教人損境无殊暢思亦有教日自作教人被戒俱犯亡妄語自作亦犯教人同不同
若追人稱已得聖名利擁已与自自作无殊故得同犯所教人犯輕若真教人白
福招利擁彼於我无關故但犯蘭此局（初篇局說若同）說為自重教輕教初戒是自當說說
輕發重犯數僧漏失是自他俱重盜煞損壞及一切同犯者是自他俱輕三勸
呈是若犯不犯說亦有四句可知若約能所以說作兩个四句亦可知問自他能所
此義何異答自他者不論所教七眾之業但取能教之業對自作辨若言
能所以能教罪与所教五眾有罪者對說識異犯境寬狹住二婬戒說
三境是故名寬餘三局在人境故狹良以婬欲之性順情內逸垢心厚重不
擇境之美惡誰問人畜但依正道耦思无殊故三趣犯以道想判故又下之
及犯義餘三戒事發於外損在前境趣別報殊情徵優劣暢思階降故
人犯事餘趣即輕五自他位二不淨行戒自他境犯以緣文有異是下之三戒要

境差而得故言已衣蘭而已衣无罪以自施自懺等故可知餘他犯戒故成犯境
誑欲覩利何須自誑第六對滂分別若望稱戒對滂俱犯下三戒如其大
滂隨三趣境重輕結犯若也專對滂々三戒各稱境犯盡等境差三戒
境差蘭若論同趣為異境罪單闕並无犯雙闕但犯輕若非情无主物為
異境罪雖雙俱不犯一境既爾廣說即无量若其就對弁滂隨意在人報不蘭
張王者是若望自趣對滂俱犯盡若非畜為異境上半單闕境對滂俱
无犯下半雙闕故對滂並犯輕若非情无主物想為異境對滂俱无犯一趣既
爾餘非無餘七錯誤皆是殊謬不當々隨若逐事曲尋多有多分若隨名對定位
容有別錯就境差謬又想緣二境想別歷然又至造趣成多有殊二境交涉
名々為錯若緣法隨彼心想謬至妄稱之為誤就四戒配位分為四第一以二對辨
戒錯誤俱犯良以違起同情得正道暢遍不殊不隨餘想是故誤犯文言道疑道
非色想無盜又不蘭三趣很有交涉但得正色錯無戒重業二誤對二戒但重
從其誤无兩並不得去无心欲誤俱犯文言男想盜然誑女亦言盜故第三以錯對
三戒俱不犯以望餘境本心无故如隨昭賴故所以知第四錯誤對妄語所稱法錯誤
俱不犯如殺稱聖而言見諸稱非境如増上慢人迷凡謂聖誤心非均故並不犯第
八下眾任運如沙彌時殺人然後受稱已受具所殺之人遂本言殺獲財斷命與
前令斛脫能殺沙彌三住々中任運犯三波羅夷若受戒後竟所殺妻成罪戒俱得

人下氣住還如沉稱明者人氣還受稱已受其所者人致本言者稱明出合其
前令解脫能救沙彌三住之中任運犯三波羅夷若受戒竟所教盡成非戒俱得
以其善因圓滿惡業成就故婬毛任運可知九二意次第者但聖制戒欲令調伏會
順癡書故為諸比丘說增戒學問戒能防非不斷枉結何以而言對之識制戒
答若嫌對治而言戒能防非定攝亂患不祇興忍因禪定由淨戒推功歸本故
故言制戒為稱三毒譬如有人欲正長江先塞泉源戒故能斷三毒乃至菩提之
能成就諸戒同此言次第者僧祇律云五年冬分第五半月十二日制此初戒即是
十月廿七日餘三戒六年並冬分第二半月十日謂九月十日煞第三半月即是
九月廿四日妄語第四半月十三日又稱次第謂鄣已輕重與其次第之十種犯對治
比丘四義戒正持作犯言對治者謂離染清淨對初步欲之行對盜慈悲之行治
煞實語對除妄等是　婬戒第一　從此已別解初戒於中有四一制戒意二釋名
字三具緣成犯四闕緣義此之四者並有通別諸戒例然一制戒意一通二別言通
意者如多論云以結戒故滅得未起非法二滅得已起疑網能知輕重滅別攝除對
治故以善灌得中不知輕重名種之招生十利四德正當制意故四分律言如
來出世見衆過失謂十利種與諸比丘制戒乃至正法久住此是通意義
謗諸戒下不更說第二別意婬欲之法幹是離穢生死根本若不斷除況論
三有莫能出離鄣道之原力過於此諸建之深寧容不禁是以最制二
釋名字亦有通別通者戒是通名不淨行等是別號言不淨之行是之難

言通者三一是大比丘 簡非所被文言若比丘故二廣制教後以其初人教
未編故三重病壞心 隨癡狂等也 文三義 若括上下故明了論云若人已受
大比丘戒若不知未已制戒若不重癡狂是人既犯此戒乃至吉羅皆曰比
説下更不標言列者此具四緣一有染心二起方便四与境合若爲怨逼三
緣虔一正境二怨逼三与境合四者受染比戒通三列四七[illegible]緣成犯四闕
緣義一解闕通緣全无罪可知無可闕初及第三等有罪即方便中闕緣方便等无
罪可知闕第二全无罪次闕初緣若闕初緣非道〃想疑得偷蘭闕二三兩緣无犯闕第四緣
有偷蘭從破威儀身手未及捉蘭〃小眾對手三說懺從身手相及至未成重〃蘭就
大眾應三乞〃已應白〃已亦應三說怨逼闕緣比說可知闕但一方便闕列有四但五方便從此已
下亡明戒本諸戒制開不同如初戒制文有其三一略制二隨制三廣制言略制者於此戒最初曰
須陀那比丘起過故制言隨結者後曰跋闍比丘不樂梵行即便還宗仏曰隨結言廣者後有
乞食比丘林中与畜起過仏曰此人廣〃制故名滿足戒本言開者如初篇曰目連開增上慢第二篇
漏失開夢中第三篇別食洗落七五緣等皆隨開乃至吉羅類亦可知今所滿足戒本者若比
丘共比丘共同戒若不還戒〃羸不自悔犯不淨行乃至共畜生是比丘波羅夷不共住此
滿足戒本句有其八初略弁後廣〃釋初句總明受法行次句雜明受法共三同戒者雜明行法同
四不還戒者明須不捨有戒可犯故五戒羸不悔者雜歎道同犯猴往故六不淨行等者此境
非第七戒者結罪第八不共住者是治罰也 此廣釋所言若比丘者四分律云名字比丘相

非弟七戒者結罪弟八尒共住者是治擯也　此廣釋所言若比丘者四分律云名字比丘相
似比丘自稱比丘乞求比丘著割截衣比丘破結使比丘善來比丘受戒白四如法成就得處所
比丘次釋比丘義言名字比丘者此是通別之義相似比丘者犯重人內實破戒威儀相
顯似他持戒故曰相似比丘自稱比丘者十誦律云謂賊住比丘人自言我是比丘故曰自稱比丘
言乞求比丘者求於聖教以乞資身離五邪命正命自活故曰乞求比丘者若著壞衣有二
利益一壞其和好離自貪著二不為王賊之所貪奪集常有資身受用之具奉備聖教垣
著壞衣故曰著割截衣比丘言破結使比丘者理解在心中而發具戒故曰破結也言善
來比丘者佛命善來即發具戒故名善來比丘言白四如法成就得處所比丘者若受
大戒僧數滿足緣成白四羯磨作法成就緣得處所結界成就界不別眾緣住比丘中身
無遮難緣成即四法現前請僧結界事此人是戒本中若比丘義約通未代故
須論此人所言共比丘者此明受法共人殊報別所緣義故曰共比丘律云若共餘比丘
受大戒白四羯磨至住比丘法中者是為共比丘義言同戒者雖明行法同先升所同
故律云佛言我為弟子結戒章教法是同守犯是持行同是束也下解其同義戒
者隨戒躰目之戒者禁防義同戒等者名數同是名同戒義所言不還戒者明清
淨不捨有戒可犯故律中佛言若有比丘不樂梵行聽捨戒還家後欲出家得受大戒於
中有二明不捨二弁捨義如律廣說所言戒羸不自悔者律云若有比丘常懷愁憂不樂
梵行厭比丘法意欲在家於中四句差別律文廣明所言不淨行者是託境非故律云

[illegible]

者出家故三爲息外道誹謗故四爲持戒者安樂增上善根爲破戒生慚愧心不犯諸惡
故是以令彼不共住故律云不得同一說戒是名不共住六七兩句次不廣并犯不教起罪由
於境不同有其三種人畜等三名五婦律女二形黃門男女等五境處別二三不
同於童女二形及婦女三處於黃門及男子二處等十五種境名有隔等四句不同復
此等諸境覺睡死壞四種境上各有犯義乃至總逼各同此例並廣說共有三千
七句無四句皆是究竟義罪故論云犯想有三自有嫌心向前境從有隔年障乃至如毛
頭結成大重二若爲怨逼戒持至前境或就其身於三持中乃至一持受樂皆成重業
是故僧祇律云可畏之甚無過女人敗壞正德莫不由女色善見論云寧以男根內毒
蛇口中不以此觸隨三惡道四分律云義亦如是譬毒蛇三種害人一者見害二者觸害三者
吞噬害女亦爾三種害人若是女人心故欲想聞聲起染能滅善法得吉羅罪若觸女人能
燒功德犯僧殘罪若共交合犯於重罪問此嫌怨法何以類毒答有七種義害內蛇口不應
犯色一爲毒所害但害身女害多身二毒害報無記女害法身三毒害人心四毒害是數女
害不足五毒害得生人天女害隨於地獄六毒害由得聖果女害不證涅槃七毒害仏所構
毀女害爲聖可責是故寧犯此戒毒蛇莫犯女人言波羅夷者此是犯罪名僧祇云此罪
名極惡三意故惡一者退沒故惡由犯此戒道果無分二者不入二種僧數三者命中已後定
墮地獄故名極惡四分律云譬如斷人頭不可復起比丘亦爾犯此法者不復成比丘故名波
羅夷如目連問罪報經云若比丘無慚愧心輕慢仏語犯波羅夷罪他化自在天壽六千年

羅夷如目連問罪報經云若比丘无慚愧心捉婦仏語犯波羅夷 罪如他化自在天壽六千年
歲墮泥犁中於人間數九百廿一億六十千歲說犯犯輕重有三一自往二教人三无犯自作之
復有其二道非道差別故教他有二道俗有業无犯者有二自瞎眼无所覺知二過所識
三時无樂者是餘義如律廣說　盜戒第二前說内色起貪制其婬戒此說外財起貪猶
繫生死故次後辨有其四一制戒意如前列意者凡盜貨財形命之本非止不傷人情實
重惡夢處深出家所為應煩已資物今乃非理侵奪積世不捨過中中重是故聖禁二釋
名者非理損故名為盜盜者非戒戒是辨治盜是所防舉彼所防以列能治故曰
盜戒第二具緣通緣如上列緣具五一是有主物遣以損主為宗故須有主物物雖
有主將想及疑不成重故次第二有主想想雖境先當盜非五但得捨懺是以第三簡明
重物物雖滿五无心不犯為是第四次明盜心心雖念盜物未離處損主未成故次第四闕
緣若闕初緣得三偷蘭初句非人物想二畜生物想三无主物人主物想闕第三緣容
有无主蘭將想有三疑心有三雙闕有三三合九將想三者初句作人主物取者至境所
將作非人物想取隱其後心心雖但結列心盜人方覺故云人主物想非人物想蘭此句既
不餘句同然第二句人主物畜生想取第三人物无主物想取疑為人主物非人物
第二為人主物為畜生物第三為人主物為无物此三並闕次雙闕三緣三者第一意
欲盜人主物而非人物替人主物處是闕物緣說非人物上復生疑心即闕第二緣為人物非人物
此第一句畜生物替人物處復生疑心為人物畜生物第二句无主物替人物處復生疑心為人

取或今弁論呈戒本者若比丘若在村落若閑靜處不与盜心取隨不与取法若爲王王大
臣所捉若煞若縛若駈出國汝是賊汝癡汝无所知是比丘波羅夷不共住 此第二戒
本句有其八初略弁後廣廣中初一犯人第二物三所在盜之處四不与者主不捨
四盜心取者盜業盜心也五隨不与者所盜重物六治罰七結罪八治瑣已下廣弁言
若比丘者義如前釋言村落者俗所居曰村村有四種一者四周垣墻二者柵籬三者
籬墻不周四者四周有屋言閑靜處者盜盜處所呆律中若地上若乘擔若空若上若田若
處若水若船若度關塞不輸稅若取他寄信物若取水若楊枝若園果草木若无足若
二足若四足多足若同財業若要若伺候若守護若羅要前是物所在盜盜處所也
物是卅六句前十三就處以明盜物二寄信下八就所取物以明盜三同財下五律要
以明盜比等等義如律疏廣明所言不与者主不捨若他物想他所護想有主想非己
物非暫用非同意故言盜心取者賊業賊心取也有五種黑闇心邪心曲戾心恐怯
心常有盜他物心又五種取決定取恐怯取寄物見便取倚託取戒依親友往
方若以言詞辯說誑惑而取者是也隨不与取法者所盜重物以王王法若取
五錢若直五錢物羅應至死似隨王法盜滿物重所言王者得自在不屬人
也所言大臣補佐王者是所言若捉若繫若縛若煞若駈若至无所知者此是俗治
罰法言捉者是王祖治法若縛是又王治法若駈是頻婆娑羅法若煞是世王罰
法治是賊无所知是可支賊法言波羅者此是死罪之名義如初戒弁所言不
共住者不得名受戒之中賢聖重集僧中共住故此律戒含經重任事事中

法滅是賊无所知是可責賊法言波羅者是是死罪之名義如初戒并所言不
共住者不得於說戒受戒羯磨二種僧中共住故於結戒舍輕重重之中
盜是難護故次廣示但令懸標盜之想義如諸部律論删述盜業略有三種一於
三寶物作盜二盜人物三盜非畜物三寶中有其二種一者自護二者他護盜非畜
物中復有兩種一者非人二者畜生若偷三寶物約二境得罪並就守護人結五
結重罪若无守護約本境得蘭罪若不滿五四錢重蘭已下乃至一錢輕
蘭盜人物無作盜非人物得蘭盜畜生得吉羅若作与想取已有想苻釋想暫
取想親厚意想取者皆无犯　煞戒第三　一制戒意者起報勝善因所
指惡心俱道器但出家之人應懷四等今反貪忿斷壞陰境違慈增他損害道器
中之甚爲此聖制二釋名者五陰諸中假立衆生斷於五陰名爲煞生此所防戒是能治
所能通紫名煞生戒三具緣通緣如上別緣有五者是人蘭餘趣輕煞之
是人想疑雖殺三心无忌重故罪起方便欲方境不可壞故雖方便如害若命未
斷所規未果惡心不暢是不重故次第五斷命四關緣若闕初緣若三句蘭罪一非人
人想二畜生人想疑作人想初緣闕境還立若闕第二人想有六蘭迷法想闕當法想
三句文雖是一義含三句一人非人想煞若根本迷人作非人想煞无罪非人有吉
今律文結蘭者據本作人想往煞已得偷蘭爲全人所攝作非人想煞若結後心應
得吉羅隱其後之罪結其前心故得偷蘭問若後心无蘭者何律文人非想蘭

偷蘭住在因住集後捨捨心結前〃蘭故言捨者偷蘭此亦如是二人作畜生想三人
作杌想向人非人想結前心蘭若向闕境緣非人〃想亦應舉法結前心吉〃又解云為
成人家方便故闕心結前闕境結後以文俱偷蘭故律此解時人〃想有前心吉此変不尔
今釋非人〃想亦結前所以尔者若本煞非人後心當人可言為成人方便結後心蘭非人前
吉懸而不數今文所舉本意煞人非人境差想煞境在本境曰以非人境差闕前煞人〃業
便不成重即是煞人方便前生非人〃境後起而是舉其後境結前心方便比將
轉想本業兩殊俱結前心如五是比法既尔一切類然次疑心闕後心義亦含三謂對人
境向餘三疑是次覆闕兩緣義亦含三一非人頭人要須生疑為人非人二畜生疑三杌木
疑問境心已闕何故復云覆闕二緣含雜可因闕境心異故次來問異想云何答異境
上生疑不同闕初緣疑當於異境列前闕第二有斯別于想故須更闕義雖少異
莫不闕二何須重闕解若不此者人情意謂疑對本境可成人方便疑當異境不成人
方便故須覆闕問此得何罪答非人疑蘭若尔對本境疑結前心蘭覆闕對異疑
亦應結前心吉解云此之疑並結末疑前蘭疑緣異吉非宗故不論如上說問想疑心
疑心弁雙想不尔者解云想一向故不成雙如人非想不闕境非人〃想不少故何得成雙
疑心緣兩境對非人故即闕境猶預故便闕心故得弁雙闕寧在闕心弁若雙俱闕境一
亦想疑並闕心此亦无妨諸戒類尔又此言闕境等六亦可単雙二闕唐寄十九如境差說餘

疑心殺前境是對非人故即闕境稱預故使闕心故得并雙闕字在闕心并若單雙俱闕境一
念想疑並闕心唯念无妨諸戒類亦又此言闕境等只六各可單雙二闕虛妄无如境差說餘
戒各然此等二闕不下復論闕三全无罪突提吉闕四无罪闕五輕重二蘭此等通列
具七方便人速既亦餘二類然輕重為列已下正明戒本此戒曰不淨觀如來判斷殺業
此因設故隨結若比丘故自手斷人命持刀與人歎譽死快勸死咄男用此惡活為寧
死不生作如是心思惟種種方便歎譽死快勸死是比丘波羅夷不共住此明滿足戒本
句有其六初略舒六句文後乃廣廣釋文義言略者第一句是死人第二句自殺業
第三句所害境第四句從持刀下至寧死不活勸死已來文是教殺業於中文二初出
與人者安殺具殺歎譽死快口歎殺也勸死下是勸殺二作如是心下總以結罰
二句第五句結罪第六句治擯次廣釋六句文義所言比丘者義如上言故自手
斷者是殺業若自殺若教殺若遣使殺若往來使殺若展轉使若求男子殺若
教人求男子殺若求持刀人殺若教人求持刀人殺若身現相若口說若身口俱
現相若教使歎若遣書若教遣書若坑陷若倚撥若與藥若安殺具若
餘方便殺者皆是殺業所言人命者從初識至後識一念識支託又安明人報〻為名
初識乘終一運是是後識中間連持是命壞此者一報名殺根為人者有命報所攝五分
若人若似人者入胎卌九日過是已後盡名為人所言持刀與人乃至勸死已來是第四教
殺業若起心教害張受教者殺張三俱犯重罪受教殺王役者犯重能无名

[illegible]
教二非行教業白不作敬及隸役者一切得重並是能教所教業成故餘可教
知言波羅夷者義如上言不共住者類上可知矣今曰比庵執三趣仙頭等義其論
趣明煞父母煞人非化生業寄明報就父母之遺體以成己體生復鞠育其恩深重理
應教尊養報恩殖福今反內懷瞋忿興此逆害違恩背養為逆情深故制為逆
煞義如前說問煞父母為知得逆不知得逆答若本無害心無害父母雖可知稱本
所期煞從逆罪故見日實是父作非父想煞不得出家若本欲害不必煞父作賊想而
煞父持是雜為作畜想不知是父但得重罪而不犯逆故依論云父非父想煞得出家不犯逆
故須知方便成逆問若出家阿羅漢煞父羅漢為得一逆為得二逆答經論不同十律自是波問仙煞
父羅漢得幾罪仙答得幾廾二逆又涅槃經一者煞父王二煞須陀洹罪也二重又雜
寶藏夏度義王出家未子為王出家未子為王復成羅漢子王煞父比丘言汝得二罪殺比丘等
又新父命終時即損恩義養之道福田之境既乃心殊兩害故得兩逆義對人境剖缺之令
想以其殊業心兩害故得二逆有可一逆雖可二殊義不同一行者既无二命何得二罪總可
業罪是重无別二逆問若父出家竟得根為尼若煞此尼得煞父逆不答仰曰若煞女非
母非羅漢而得逆罪謂父變丈人者是以斯文證故知逆罪所以爾者根雖為異人者不殊
若煞此尼有背恩義故問若打比尼得打父罪不答但得打尼之罪若不煞此尼時不
煞父之逆僻打本誌性結罪不望違恩打時女故結打尼之罪誌違曰此父者損壞故
得逆罪如似一丈若當打時道俗形為位別況持為女故知誌性但得打尼之罪問父母
變為畜生煞得何罪答得但煞畜生提罪若爾仰煞丈人不應得煞父之罪逆僻是實

得逆罪如似一又若當打時道俗形爲位别况轉爲女故知戒後但得打尼三罪問又母
殺變爲畜生煞得何罪答得但煞畜生提罪若尒伽煞女人不應得煞父之罪解又實
變者之已命終之意此謂剎那中陰受畜報故得提罪轉根爲女猶是報明有違
恩是以非殺若父報得遇害處非父想煞者名得逆罪以父境死故若不知无
罪若煞畜生生又母信不死復以夢不滿故 又報身殺之十日頗有煞父母諸比丘与受
戒得受戒非答有謂煞畜生父母者是非人父母蘭提三非若疑想疑並上
可知不犯者律云若擲刀杖瓦石誤著彼身而死及扶抱病人而死或以藥食
又從往來出入而死者一切无害心不犯故俗律云過失煞人者以贖論謂自不見心所不意
共舉重物不覆色之教也 妄語過人法戒第四 一制戒意无漏真道聖所證法非是
凡夫濁識之所能契以凡未得故冒假虛談自言已證惑亂群生斯誑於世希於名利以自離
已身法財損過中之重故波聖制二稱名者言不稱實所以言妄語得聖德事越凡境故曰過人法
此是所治戒是能治之行能作所通舉故曰妄語過人法戒第三具緣通五上列緣有八一境
界是人想三境虛四知是境虛五說過人法六自言已得七言辭了了八前人知解或有更加誑他
心者義或可尒前八支之上闕義者闕初緣有六第二二緣六并闕疑想各三第闕第三緣境虛
作境實有疑吉或全无犯闕第四緣增上慢人全是无犯闕第五緣作非過人法罪得偷蘭闕六
緣作不自言已證或无犯或得蘭罪闕第七輕蘭闕第八重蘭是中具七方便已下正明戒本此戒約
因婆求河邊安居比丘共稱得上人法佛略制此戒後因目連隨制隨開此滿足之戒本者若比丘實
无所知自稱言我得上人法我已入聖智勝法我知是我見是彼於異時若問若不問欲自清淨故作是

上言實无所知者此釋第二句境虛實是定夫无知見法第三句白稱言我得上法至我見已來惣是
一句就中分二一自言者惣稱聖法第義也入聖下別句言入聖者謂得生空之知勝法者謂得法
空我知是下得初果已去就初句中又復有二初解自稱言文云自稱有信等五根及鋒十有信者謂稱
得證解ゝ信有戒謂得空道无作非謂是屬不犯若己若戒欲施等名云犯蘭施者謂正依而能不生
少怙戒是无貪善根聞惠智惠脩審惠辯ゝ末者任彼說法此解我得上人法也是物自聖法故曰上人
法也是人法ゝ定是上人法ゝ上要也謂陰界入聖ゝ乘下別句雖明聖法初引十章門白言念在身若
正憶念若有欲若不退若精進若得定若正受若有道若有脩若有惠若有見若得者
果次釋十四章門言念在身者身是念處言正憶念者餘三念處是自言戒者八正者正語
等是有欲者四如意足不放逸者不放逸者不懈精進四正勤也自言得定者有觀三昧初禪
无覺有觀中間禪无覺无觀二禪已去言定昧者謂若下定與无我二行相應定數若
滅四行相應定是无想三昧若苦下行集道各四此十行相應定是无願三昧自言正受者
八中前二相正受者切有心定對除色心中散欲无想者謂二无心定對除心亂四正受是八皆ゝ
捨ゝ者謂內有色想外觀色二內无色想外觀色三淨皆捨四空處
五識處六不用處七非想處八滅盡定前三非皆貪故四皆捨下地謂空處皆第四禪
識處皆空乃至非想皆不用處第八皆一切心ゝ數法故名皆捨又有八解脫今此四中隨法
者是第八滅定謂諸滅也心ゝ數法逐得也非色非心法以稱心定故曰隨法正受忘想者諸
四空定即四五六七八皆捨也除色者前二皆捨謂不淨觀除色貪故四不除色也者謂第
三淨皆捨次除入正處者謂八除入除猶捨入者解即分前三皆捨以為此八初二各二謂內
有色想外觀色若多若少次內无色想外觀色若多若少第三為四謂青黃赤白

三淨皆捨故一除入正處者謂八除入除八勝入者解同前三背捨以攝之八勝二各三淨
有色想外觀色若多若少是內無色想外觀色若多若少苐三苐四謂青黃赤白
亦名八勝處八觸入名一切正受者是十一切入即以苐三皆精稱四勝處乃觀色本由大故八并受
處識處故十二行名道者即十枝道亦云依戒淨定具一清淨持戒得二善知識三守根
藏本四飲食知量五初夜後夜捐於睡眠六具善覺七具八善行者亦八具善信九具
解脫處十無淨十一無著依舍利弗所說是解十一枝道云何一枝道身念處是名一枝
道云何三枝道定慧是云何三枝道有覺有觀定無覺有觀定無覺無觀定無相無願等是云
何四枝道四念處四正勤神足四禪四無色定四向道四脩定四斷等是云何五枝道五根
五力五解脫入五出界五觀定五生解脫法等是云何六枝道六念六向出六界六明分法
六境曰法六無諍正覺等是云何七枝道七覺七相七定曰緣法等是云何八枝道八聖道八解脫八勝入
等是云何九枝檢菩九九滅九次第定九想等是云何十枝也十想十真法等是十真者正見正覺正
語正業正命正進正念正定正解脫正智也十二道枝者十二解脫入是名十二枝道所言脩者
脩五分法身謂戒定慧解脫解脫之見所言有慧者抱畢無漏慧又言四聖諦智亦云
亦云者得謂得天眼清淨所言果從不淨觀乃至四禪四空定等苐四句從彼
於異時望言見已未明非妄語時望首前罪謂語妄已後或同人說不同人問
欲自清 雪首露前愆故曰也所言增上慢者無漏聖法出過相有名為增上
慢者此比丘未得謂得名之為增上謂之者人久在林不見妙色斬之伏故捉自謂我斷欲生
增淺近城傍見須妙色含貪染還生知已是凡即便脩道及成羅漢以疑白佛佛亂

若於非人說乙蘭是即犯吉向畜生說乙吉十誦問此不淨等是近小法何以犯重
答是甘露初門一切聖人由〻如入有四分云天龍神未供養我皆犯重罪所言不
共住者是知初戒廣弁已下明不共犯律云此自知有得不淨觀及夢中說
皆不犯重如犯吉羅以非言說知儀軌故也諸德大我說四波羅義訖若比丘犯一〻波
羅義訖不得以鞞比丘共如前後乙如是是比丘得波羅夷應不共住此句總結
前初篇四戒律攝云如前在俗不是比丘後犯戒時乙復如是故曰如前後乙如是若犯
依曇无德宗云如前犯得餘後犯乙餘故曰乙義故曰如前後乙如是以戒、雖形、俱
故示今問諸大德是中清淨不如是三問謂問於前義罪之中得清淨不諸大德是中清淨嘿然故是
事如持是此句說前三問所言是中是清淨不於初篇戒法不闕故名清淨由衆
嘿然和清淨故事成就故
四分戒疏卷第一

BD00037 無量壽宗要經（甲本）

BD00037v 藏文雜寫

132cm × 31.5cm

若有自書寫教人書寫是无量壽宗要經讀誦受持畢竟不墮地獄在在所生得宿命智陀羅尼曰

南謨薄伽勃底一阿波唎蜜多二阿瑜紇硯娜三須毗你尸指多四囉佐耶五怛他羯他耶六怛

姪他唵七薩婆桑悉迦囉八波唎輸底九達磨底十伽迦娜十一莎呵某持迦底十二薩婆婆毗輸

底十三摩訶娜耶十四波唎婆嚟莎呵十五

若有自書寫教人書寫是无量壽宗要經受持讀誦如同書寫八万四千部經典陀羅尼曰

南謨薄伽勃底一阿波唎蜜多二阿瑜紇硯娜三須毗你尸指多四囉佐耶五怛他羯他耶六怛姪

他唵七薩婆桑悉迦囉八波唎輸底九達磨底十伽迦娜十一莎呵某持迦底十二薩婆婆毗輸底十三

摩訶娜耶十四波唎婆嚟莎呵十五

若有自書寫教人書寫是无量壽宗要經受持讀誦即是書寫八万四千部建立塔廟陀羅尼曰

南謨薄伽勃底一阿波唎蜜多二阿瑜紇硯娜三須毗你尸指多四囉佐耶五怛他羯他耶六怛姪

他唵七薩婆桑悉迦囉八波唎輸底九達磨底十伽迦娜十一莎呵某持迦底十二薩婆婆毗輸

底十三摩訶娜耶十四波唎婆嚟莎呵十五

若有自書寫教人書寫是无量壽宗要經能消五无間等一切重罪陀羅尼曰

南謨薄伽勃底一阿波唎蜜多二阿瑜紇硯娜三須毗你尸指多四囉佐耶五怛他羯他耶六怛

姪他唵七薩婆桑悉迦囉八波唎輸底九達磨底十伽迦娜十一莎呵某持迦底十二薩婆婆

南謨薄伽勃底一阿波唎蜜多二阿喻紇硯娜三須毗你尸指多四囉佐耶五怛他羯他耶六怛
姪他唵七薩婆桑悉迦囉八波唎輸底九達磨底十伽迦娜十一莎呵某持迦底十二薩婆婆毗
輸底十三摩訶娜耶十四波唎婆囉莎呵十五
若有自書寫教人書寫是无量壽宗要經受持讀誦若魔魔之眷屬夜叉羅剎不得其便終
无枉死陁羅尼曰　南謨薄伽勃底一阿波唎蜜多二阿喻紇硯娜三須毗你尸指多四囉佐耶五
怛他羯他耶六怛姪他唵七薩婆桑悉迦囉八波唎輸底九達磨底十伽迦娜十一莎呵某持迦底十二
薩婆婆毗輸底十三摩訶娜耶十四波唎婆囉莎呵十五
若有自書寫教人書寫是无量壽宗要經受持讀誦當命終時有卆九胝佛現其人前象千佛
授手舟遊一切佛刹莫於此經生疑惑陁羅尼曰
南謨薄伽勃底一阿波唎蜜多二阿喻紇硯娜三須毗你尸指多四囉佐耶五怛他羯他耶六怛姪
他唵七薩婆桑悉迦囉八波唎輸底九達磨底十伽迦娜十一莎呵某持迦底十二薩婆婆毗輸
底十三摩訶娜耶十四波唎婆囉莎呵十五
若有自書寫教人書寫是无量壽宗要經受持讀誦常得四天大王隨其衛護陁羅尼曰
南謨薄伽勃底一阿波唎蜜多二阿喻紇硯娜三須毗你尸指多四囉佐耶五怛他羯他耶六
怛姪他唵七薩婆桑悉迦囉八波唎輸底九達磨底十伽迦娜十一莎呵某持迦底十二薩婆婆
毗輸底十三摩訶娜耶十四波唎婆囉莎呵十五

BD00037　無量壽宗要經（甲本）

毗輸底十三摩訶娜耶十四波唎婆𠼝莎呵十五

若有自書寫教人書寫是无量壽宗要經受持讀誦當得往生西方極樂世界阿彌陀淨土陁羅尼曰

南謨薄伽勃底一阿波唎蜜多二阿喻紇硯娜三須毗你尸指多四囉佐耶五怛他羯他耶六怛姪他

唵七薩婆桒悉迦囉八波唎輸底九達磨底十伽迦娜十一莎呵其持迦底十二薩婆婆毗輸

底十三摩訶娜耶十四波唎婆𠼝莎呵十五

若有方所自書寫使人書寫是无量壽經典之處則為是塔皆應恭敬作礼若是畜生或為

鳥獸得聞是經知是等類皆當不久得成一切種知陁羅尼曰

南謨薄伽勃底一阿波唎蜜多二阿喻紇硯娜三須毗你尸指多四囉佐耶五怛他羯他耶六

怛姪他唵七薩婆桒悉迦囉八波唎輸底九達磨底十伽迦娜十一莎呵其持迦底十二薩婆

婆毗輸底十三摩訶娜耶十四波唎婆𠼝莎呵十五

若有於是无量壽經自書寫使人書畢竟不受女人之身陁羅尼曰

南謨薄伽勃底一阿波唎蜜多二阿喻紇硯娜三須毗你尸指多四囉佐耶五怛他羯他耶六怛姪他唵七薩

婆桒悉迦囉八波唎輸底九達磨底十伽迦娜十一莎呵其持迦底十二薩婆婆毗輸底十三摩訶娜

耶十四波唎婆𠼝莎呵十五

若有能於是經少分能惠施者等於三千大千世界滿中七寶布施陁羅尼曰

南謨薄伽勃底一阿波唎蜜多二阿喻紇硯娜三須毗你尸指多四囉佐耶五怛他羯他耶六怛姪他唵七

若有能供養是經者則是供養一切諸經等无有異陁羅尼曰
南謨薄伽勃底一阿波唎蜜多二阿喻紇硯娜三須毗你尸指多四囉佐耶五怛他揭他耶六怛姪他
唵七薩婆桑悉迦囉八波唎輸底九達磨底十伽迦娜十一莎訶其持迦底十二薩婆婆毗輸底十三摩訶
娜耶十四波唎婆囉莎訶十五
如是毗婆尸佛　尸弃佛　毗舍浮佛　俱留孫佛　俱那含牟尼佛　迦葉佛　釋迦牟尼佛
若有人以七寶供養如是七佛其福有限書寫受持是无量壽典經所有功德不可數量陁羅尼曰
南謨薄伽勃底一阿波唎蜜多二阿喻紇硯娜三須毗你尸指多四囉佐耶五怛他揭他耶六怛姪他唵七
薩婆桑悉迦囉八波唎輸底九達磨底十伽迦娜十一莎訶其持迦底十二薩婆婆毗輸底十三摩訶
若有七寶等於須弥以用布施其福上能知其限量是无量壽經典其福不可知數陁羅尼曰
南謨薄伽勃底一阿波唎蜜多二阿喻紇硯娜三須毗你尸指多四囉佐耶五怛他揭他耶六怛姪他唵七
薩婆桑悉迦囉八波唎輸底九達磨底十伽迦娜十一莎訶其持迦底十二薩婆婆毗輸底十三摩訶
娜耶十四波唎婆囉莎訶十五
如是四大海水可知滴數是无量壽經典所生果報不可數量陁羅尼曰
南謨薄伽勃底一阿波唎蜜多二阿喻紇硯娜三須毗你尸指多四囉佐耶五怛他揭他耶六怛姪他
唵七薩婆桑悉迦囉八波唎輸底九達磨底十伽迦娜十一莎訶其持迦底十二薩婆婆毗輸底十三
摩訶娜耶十四波唎婆囉莎訶十五

摩訶娜耶十四波唎婆曬莎呵十五

若有自書使人書寫是无量壽經典又能護持供養即如恭敬供養一切十方佛土如來无有別異陁羅尼曰

南謨薄伽勃底一阿波唎蜜多二阿喻紇硯娜三須毗你尸搯多四囉佐耶五怛他羯他耶六怛姪他唵七

薩婆桑悉迦囉八波唎輸底九達磨底十伽迦娜十一莎呵某持迦底十二薩婆婆毗輸底十三摩訶娜

耶十四波唎婆曬莎呵十五

布施力能成正覺　悟布施力人師子　布施力能聲普聞　慈悲階漸最能入

持戒力能成正覺　悟持戒力人師子　持戒力能聲普聞　慈悲階漸最能入

忍辱力能成正覺　悟忍辱力人師子　忍辱力能聲普聞　慈悲階漸最能入

精進力能成正覺　悟精進力人師子　精進力能聲普聞　慈悲階漸最能入

禪定力能成正覺　悟禪定力人師子　禪定力能聲普聞　慈悲階漸最能入

智慧力能成正覺　悟智慧力人師子　智慧力能聲普聞　慈悲階漸最能入

尒時如來說是經已一切世間天人阿脩羅揵闥婆等聞佛所說皆大歡喜信受奉行

佛說无量壽宗要經

索慎言

BD00037v　藏文雜寫

BD00038 受八關齋戒文

BD00038v 雜寫

444cm × 29.2cm

受八關齋戒文

善男子善女人等今者是大齋之日龍天八部大會
地府善惡部官一切靈神降下閻浮察諸衆生所有
惡之日若有衆生修諸善法聖賢歡喜乃令世界人
民安樂若有衆生不修齋戒造諸惡業閻羅大王
使者録其名字將過閻羅王所命終之後受無量
苦所以大慈悲父流此要門令每月六齋日受持齋
戒夫受八枝淨戒先与七門分別第一讚戒功德第二
啓請賢聖第三懺悔罪障第四歸依三寶第五
[illegible]受[illegible][illegible]第六説其戒相第七廻向發願如是七

政受羯八戒磨第六說其戒相第七迴向發願如是七
不門同未可具說且今當第一讚戒功德夫是故經曰受戒者乃
是成佛之根原斷惡修善之根本亦是人天之腳足三
乘之福田一切諸佛菩薩聲聞緣覺乃至人天所有
勝福莫不因戒而得故入佛法海先須以戒為因因戒
生定定能發慧慧斷煩惱方成聖果故梵網經云戒
如明日月亦如瓔珞珠嚴塵菩薩眾由戒成正覺故知
戒戒是无上菩提之因能生一切諸善功德故須先持戒
後修餘行如人嫌空谷響先止自家聲若厭世
間者必須斷諸惡若不斷惡修善得生人天得出
三界者无有是處則令去聖遙遠諸賢亦隱魔
軍熾盛欲宮迷覺興令諸有情習不善業慳貪嫉妬

軍墻威欲宮嗞覺興念諸有情皆不善業慳貪嫉女
我慢愚癡從无始來沉輪生死受无量苦所以大慈悲
愍流此發門令善男子善女人等欲得度生死海
先須以戒為舟船登涅槃山以戒為脚足如人有足
隨意能往若無足者如折翼鳥一步不前故戒經
云欲得生天上若生人間者常當護戒足勿令有毀
損故薩遮尼乾子經云若不持戒棄此身已長劫墮
於地獄餓鬼畜生三惡道中乃至疥癩野干之身
尚自不得何況具足得受人身故須珎敬如是三歸五
戒十善八關齋諸佛禁戒由如仏身等无有異此之戒者
則是如來法身舍利故仏臨般涅槃時尊者阿難重
請如來白言世尊我等一切衆生及四部弟子如來在
世以仏為師如來滅後以何為師唯願世尊莫（久住依世）般涅槃

世以仏為師如來滅後以何為師唯願世尊莫般涅槃
久住依世佛告阿難我今周流已畢無復施為所應
度者我已度訖其未度者我今已作得度因緣汝
等一切衆生仏滅度後應以波羅提木叉為汝之師如
我在世等無有異故須珍敬發希有心如闇遇明如貧
人得寶如寒念火如渴思將衆生難遭相故知戒是菩
提之根本示是切德之戒寶器一切善法依戒增長一切功
德依戒滿足故諸經中讚功德云戒如大地土能生禪定
等戒如大海水具足功德寶戒如大劫火能燒
煩惱薪戒如大道師引諸求道者戒如大輪王所往
無障等戒如大智炬能破無明闇戒如大法船能度
三有海戒如大猛將能伏諸魔怨戒如大慈父能
拔衆生苦戒如大慈母能以衆生樂故知戒者能開

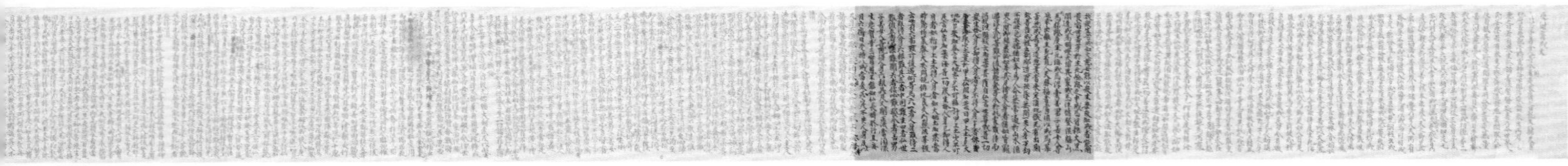

扵衆生苦戒如大慈母能以衆生樂故知戒者能開
發宿世善芽於生死險路之中戒爲資粮大黑
闇逕戒爲明燈大怖畏處戒爲伴侶登涅槃山
戒
爲梯隥度生死海戒爲浮囊善男子善女人等
欲求出離生死不覓人天勝福者當須以戒爲基
若無戒善爲造惡業當來定隨地獄无有出期
故菩薩戒經云剎那造罪殃墜無間一失人身万劫
不復壯色不停猶如奔馬人命無常過於山水須
臾之間即歸磨滅如是具足得受人身者猶如盲龜
遇浮木孔甚難可值諸聽衆等今於此處難得而
得故涅槃經云加葉菩薩白佛言世尊我等一切
此
衆生捨人身已却得人身者多不得人身多多者併賣

衆生捨人身已却得人身者多不得人身多多者併當
伽葉海取少土置於甲上仏問加葉曰甲上土多大
地土多業加荅言大地土多不可稱計甲上土少不可
足言仏告加葉汝等一切衆生捨人身已却得人
身者如指甲上土不得人身者如大地土加業當
時驚愕哀聲大哭悶絶躄地良久乃穌法華經
云世有六事難可值遇何等為六一者人身難得二
者雖得人身六根難具三者中國難生四者仏世
難值五者正法難聞六者信心難發今者善男
子善女人等既得人身六根具足又聞正法當須深
生慶賀幸三寶恩不能如仏長時修行且每
月六齋日受持八戒當來必定不失人身及以

月六齋日受持八戒當來必定不失人身及以
天身不墮惡道故須深心敬信發勝上之心啓
請賢聖若不啓請賢聖賢聖不來道場賢聖
若不降臨誰爲證盟縱然懺悔罪難滅必須虔恭
合掌懇到至誠慇懃啓請能不能既若能者依口宣
請
弟子某甲等合道場人稽首和南十方諸佛諸大菩
薩羅漢聖僧舍利浮圖形寶塔鹿苑初轉四諦
法輪雙樹後樞一乘奧曲經行樹下獨覺聖人坐定
山間得道羅漢上至非相非非相天四禪四空五淨
居等色界自在尸棄梵王釋提桓因六欲天子龍
神八部護世四王嚴守鎮軍金剛密跡閻羅天子五道
大神太山府君察命司錄天曹地府善惡部官左膊
右肩同名同生童子護家司命護戒護法善神宮司書光

右肩罪福童子護戒護法善神宮月靈光
明梵衆山空石室雜欲諸仙曠野丘陵大力鬼神阿
鼻地獄羅剎夜叉十八泥犁牛頭獄卒鳩槃茶等
行病鬼王歷人間吐諸毒氣胎卵濕化蠢動含
靈有形无形有相无相有天眼者有天耳者有他
心者通感願降臨來此道場證明弟子發露懺
悔一懺已後永斷相續盡未來更際不敢造惟
十方諸佛大慈大悲攝受弟子罪障消滅至心歸
命敬礼常住三寶啓請已了夫受戒者先須至
誠懺悔洗蕩身心身器清淨方堪受戒若不懺悔
即受戒者令切德不圓猶如穢器食无所堪任故須
懺悔三業清淨无上戒品方得增長言懺悔者改往
修來懺悔惡生善法猶如濁水置之明珠以珠力故
其水即清故涅槃經云世有二種白法能救衆生何等

其水即清故涅槃經云世有二種白法能救衆生何等
爲二一者慚二者愧若有衆生造惡業已深生慚
愧悔過自責當知是人其罪得滅善男子善女
人等既是凡夫處在煩惱誰能無罪小多皆有
然雖犯有輕重並能障道譬如世間毒藥不限多少
能害依人故戒經云勿輕小罪以爲無殃水滴雖微漸
盈大器諸聽衆等已具慚愧捨弃家緣來投道場者
先須洗滌身心尅意慚悔於三寶前五體投地悲
泣流淚發殷重心於其自身作重病相於説法人
作大醫王相救苦以藥聞説罪者身心戰悼遍
體汗流或怕不安身毛皆竪有如是相者當知是
人無始時來所有惡業悉皆消滅恒沙善根運運增
長大須努力懇禱至誠莫生散亂有所造罪不得
隱沒惣合自陳謂是俗人不識其相夫發根罪本末還

隱沒憶合自隱諱是何人不識其[illegible]
三業今旦但依三業懺悔諸根本罪猶如伐樹但斷
其根枝葉自枯罪亦如是但懺三業一切諸罪悉得
消滅各各至誠於口懺悔
弟子某甲等合道場人自從无始曠大劫來及以此生
至于今日無明所覆煩惱自纏不識業因隨惡流轉或
作五逆无間重罪或煞父害母煞阿羅漢破和合僧出
佛身血或焚燒經像污穢伽藍拂撲蚤蝨捏蟻
或養蠶煮繭屠煞牛羊燖剝雞猪彈射禽獸將
刀欲剖衆鳴鳥驚天正刺因侯悲聲動地尋思若
楚豈忍心授煞[illegible]業或因遊獵網捕虫
令如之人何稱羅刹
魚煞迫兔奔狐安藏下箭衆生怕怖无處藏身食肉是
煞命之忍如
陳羅畫
人[illegible]或興盜竊四方見錢三寶珎財將私受用
或因傭借拒諱不還功德之資貪覓見生隱沒道場布施
口許心違並數撫煞多臨時改易或自恃勢枉法受財

口許心違無數撫多臨時改易或因恃勢枉法受財
誣謗平人偪迫而取輕秤小斗對面偷侵同利合財恒懷
取剝或於美境覓採起深心不問親疎恣情欺淩侵陵
貞潔汙淨行人寺舍塔中行諸非法或凡言鄙語於宗尊
親惡口譏譁毀蔑三寶或詐為親善鬪搆兩頭矯設
異端離他骨肉心虛口實轉是為非曲順人情翻長作
短或求名利自讚毀他憎嫉良賢擯加惱害況於十惡
五逆無不皆造口四身三恒常懆毒愚癡障蔽不覺
不知於中自安不驚不怖輪迴三有沉溺四流展轉其
中受苦無盡如斯之罪無量無邊由若塵沙難可知數
今逢善友教我覺知教我懺悔教我歸依我從今身
乃至成佛一切諸惡誓當惣斷一切諸善誓當惣修一切眾
生誓當惣度無上菩提誓當速證唯願十方諸佛
發大神通來降道場慈悲光照燭冥觀業道咸願證知

發大神通來降道場慈光照燭冥觀業道咸能證知
今日今時對諸佛前發露懺悔能罪消滅至心歸命敬礼
常住三寶懺悔已了然後受戒弟一歸依佛
寶者佛是一切衆生无上慈父能於三界拔衆生苦究竟
令得大涅槃樂非如世間父母暫時因緣百年之後各隨
六道不[illegible]故須歸依無上佛寶弟二歸依法寶者法
是一切衆生良藥能療衆生熱惱重病故須歸依无上
法寶弟三歸依僧寶者僧是一切衆生良祐福田能長衆
生菩提[illegible]若能恭敬供養者獲福无量故須歸依无
上僧此三歸依能拔三塗得超三界花嚴經云歸依佛得提
心[illegible]歸依法薩婆若海得大惣持門歸依僧息諍論
同歸和合海故須先受三歸後受八戒善男子善女人等就
此之中先受翻邪三歸後受得戒三歸者能不能既說能者
惣依口道
弟子某甲等合道場人歸依佛兩足尊歸依法離欲尊歸依僧

弟子某甲等合道場人歸依佛兩足尊歸依法離欲尊歸依僧
衆中尊如來至真等正覺是我世尊我今歸依唯願三寶
慈悲攝受慈愍故（三說 次出受得戒三歸）弟子某甲等合道場人歸依佛竟
歸依法竟歸依僧竟從今已往稱佛爲師更不歸餘邪
魔外道唯願三寶慈悲攝受慈愍故（說）歸依三寶已
了自下弟子五正受八戒如優婆塞戒經說若有人以四大寶
藏滿中七珍持用布施不如有人一日一夜受持八戒功德无量
又如彌勒下生百年持戒亦不如今時一日一夜何故耶答彌勒
尊世下生之日衆生根熟无有惡緣戒即易持今者時當
五濁人多敷惡不善增廣戒即難持故一日一夜勝彼百年此
六齋日皆是惡日如四天王經說一者大力鬼神皆告衆生之
日二者四天大王觀察衆生所有善惡之日若有衆生受持
齋戒孝養父母修諸福業四天王（大）及帝釋諸天悉皆歡喜
同說偈言六齋神足日受持清淨戒是人命終已功德必如我
如猶受戒故臨命終時（四天大王）帝釋諸天迎接行人將上天宮受勝
故樂[illegible]不持戒不[illegible]八[illegible]者惡業閻羅大王使者録其

娛樂若不持戒不孝父母造諸惡業閻羅大王使者録其
名字將過閻羅王所命終之後受苦无量是以如來見諸
衆生煩惱覆性深著愛見不能自覺可以留此密教每
月六齋日令受八支淨戒以持戒故敢得戒神擁護其人不
令惡鬼伺求其便見身之中持一戒感得五箇戒神擁
護若持八戒五八卌得卌箇戒神衛護其人遠離衰耗命終
之後定得生天受勝快樂此之八戒有其三翻羯磨取聖法第一翻
羯磨聲斷之時恒沙善法悉皆運動第二羯磨聲斷
之時恒沙善法悉皆集在空中第三翻羯磨聲斷之時
恒沙善法一時注汝身心今者若是有為有相之法應作天
宮用地列之聲此是无為无色之法但表領受一切戒法悉皆
具足入汝身中今且各各至誠發增上精心聽其羯磨能
不能能既若能者各生渴仰踊躍合掌不得散亂聽受羯磨
佛子言八戒者不殺不盜不婬不妄語遠離酒離花香高床
過中食如是等八法聖人所遠離汝是凡夫具足煩惱未能

過中食如是等八法聖人所遠離此是能夫具足煩惱未會
如仏長劫修行且一日一夜為我如來八戒弟子從今晨至受明
清旦依其中間不得犯能持否彼答曰能三說今朝鷄鳴且無其倒錯
故知善男子善女人專注此一期受戒鷄鳴已了所言八關齋
戒者前七是戒弟八名關所言關者關八難門開八正路得
八自在往八解脫故我諸仏如來皆因此戒得成正覺善男子
善女人等曾於過去世中受持齋戒今得人身又聞政法今
若不犯此八關齋戒者未來世中必當作仏自下弟六略釋戒
相如向含經云弟一不煞生者上至人命下至蠢動有情不得與其煞
害之心若故犯者當來世中墮三惡道所以刀山嶮峻徹骨
穿皮劍樹森林林傷筋斷骨一日一夜万死万生纔得人身有三
衆惡報一者多病二者短命弟二不偷盜者上至金銀七寶
下至草葉葉縷綫已來不得懷盜心取若故犯者當來世中
墮三惡道所以刀輪地獄本為好偷鐵丸泥犁偏治盜
竊從鐵丸地獄出猛火燒熱劍輪飛空摧殘手足若生人中為他奴婢
得二衆惡報一者長受貧窮二者雖有財物不得自在

得三衆惡報一者長受貧窮二者雖有財物不得自在
之報第三不婬欲者於一切男女境上不得興其汙染
之心亦不得同床共宿非法語嘆說婬之事若
故犯者當來世中墮三惡道中所以鐵床地獄本為多
婬銅柱撩落偏治邪行杖穿九竅紅炎驚天射箭六根
膿血遍地若生人中得二衆惡報一者諸根不具二者所取妻
妾皆不貞良之報第四不妄語者為持戒故一切人前常
真實語終不起誑惑之心若故犯者當來世中墮三惡
道所以銅鉗鑿口本為妄言鐵狗噬心斯由誑語利刀割舌
只為不真猛火燒然皆由綺語若生人中得二衆惡報
一者口氣常臭二者所出言語人不信受之報第五不飲
酒食肉者為持戒故不得飲酒食肉亦不得勸他人若故犯
者當來世中墮三惡道所以融銅灌口為嗜肥膿鐵汁燒
心斯由食肉劍林可怕恰似葱園銅竈遍空三還徒酒充

心斯由食皮劍林可指恰似慈悲園鋸巖遍空三界酒涌酒瓮危
若生人中得二衆報一者愚癡二者諸根闇鈍。第六不
得著華鬘瓔珞香油脂粉塗身為持戒故亦不得歌
舞唱伎若故犯者當來世中墮三惡道中所以鐵輪似雪
剉徹心髀劍葉如霜痛連骨髓若生人中得二衆報一者
身體醜陋二者人不喜見。第七不得坐高廣大床者為
持戒故上至諸佛寶床乃至師僧父母貴人之床輒不得坐若
故犯者當來世中墮三惡道中所以銅烏鼓翼啄六根
鐵猶彈毛生吞五藏心懸劍樹腸掛刀林若生人中得二衆
報一者永失尊貴二者常居卑賤。第八不過中
食者為持戒故不得非時食持齋一日得百劫餘糧若故
犯者當來世中墮餓鬼道中所以餓鬼者太山三江難
滿咽如針滴水不通百千万劫不曾聞漿水之名何況
飲食若生人中得二種惡報一者所生國土飲食鄰難二者唇
齒踈缺若犯一戒得二種惡報若能防護一日一夜近則得生
人天樂遠則得生十二万淨土又賴此福成於无上佛果菩提

人天尊遠財得生十二天得生又來此衣比布上得六
如此勝利長爪梵志經中說其八戒當來獲果皆有无量
戒過失次下 弟一不煞生者於諸衆生常懷悲心如[redacted]子想[redacted]當
名持戒功德得
來世之[redacted]生人天受勝妙樂命不中夭畢竟獲得金剛之
身常住惠命无窮盡[redacted] 弟二不偷盜者於諸衆生起大
慈心當來獲得十指纖長網縵為相猶如鵝王於其指
端常有光明化出財寶廣施[redacted]生用[redacted]無盡 弟三不婬
欲者為修梵行故當來感得清淨之身馬王藏相莊嚴其
身諸根具足色力堅固 弟四不妄語者離口過故常真
實語更無虛誑當來感得廣長舌相自覆面輪口業
清淨所說言教人皆信受 弟五不飲酒食肉者離惛沉故
當來常得聰明智惠諸根明利威儀祥序如師子王乃至夢
中常見善事 弟六不歌舞[redacted]唱[redacted]花[redacted]嚴身者離
飾好故當來常得相好[redacted]身圓光一尋遍照十方一音說法
隨類悟解身器清淨衆人[redacted]見 弟七不坐高廣大床者
離憍慢故當來得坐金剛王座降魔成道 弟八不過

離墻塲故當來得坐金剛王座降魔成道　第八不過
中食者離放逸故當來獲得飲食自然四十二牙齒鮮
白齊密於（其）喉中常有光明所食廣流變成甘露既受
戒已了身口意業悉皆清淨以此功德莫求三界人天
之福惟（直）求无上仏果菩提菩薩行願發誓不獨資身爲
衆生咸皆利益各發廣利之心次當迴向發願敬（然後）
弟子某甲等合道場人來所有（戒功德）諸賢聖懺悔罪障
受持如來八支淨戒所生功德无量无邊悉皆將迴向法
界有情始從今生乃至成仏誓爲菩薩饒益衆生（有情）
將市施軍破慳貪賊貧窮人所盡須衣粮病患
人邊（前）悉供湯藥師僧教化隨意持支身（鳥獸）飢鳴尋聲
散施国城妻子男女由用行壇飲食錢財盡容撐搪他人

散施国城妻子由用行壇飲食錢財豈容攫捺他人
打罵終不懷怨眷屬輕欺實無嫌恨平生除毒迴作
仏心等視衆生還同赤子邪師邪教永斷修行轉正
法輪常親近友又能弟子及諸有情臨命終時
心不顛倒亦不昏沉身心安樂無諸痛惱而入禪定
聖衆現前一念成就隨仏本願往生西方弥陁仏国
已得六神通遍入十方一切世界還能攝受苦惱衆生一時
作佛敬禮常住三寶

BD00038v　雜寫

BD00039 大般若波羅蜜多經卷一八六

（唐）玄奘 譯

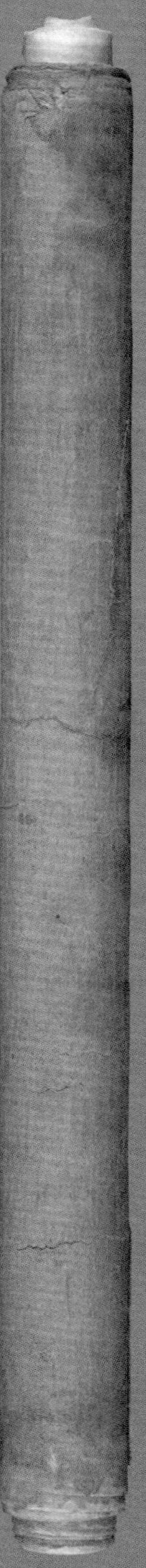

161cm×26.2cm

（4-1）

復次善現我清淨即身界清淨身界清淨即
我清淨何以故是我清淨與身界清淨无二
无二分无別无斷故我清淨即觸界身識界
及身觸身觸爲緣所生諸受清淨觸界乃至
身觸爲緣所生諸受清淨即我清淨何以故
是我清淨與觸界乃至身觸爲緣所生諸受
清淨无二无二分无別无斷故有情清淨即
身界清淨身界清淨即有情清淨何以故是
有情清淨與身界清淨无二无二分无別无
斷故有情清淨即觸界身識界及身觸身觸
爲緣所生諸受清淨觸界乃至身觸爲緣所
生諸受清淨即有情清淨何以故是有情清
淨與觸界乃至身觸爲緣所生諸受清淨无
二无二分无別无斷故命者清淨即身界清

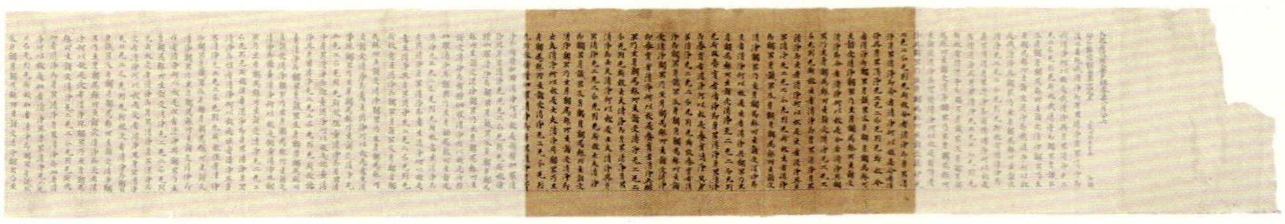

二无二分无别无斷故命者清淨即身界清
淨身界清淨即命者清淨何以故是命者清
淨與身界清淨无二无二分无别无斷故命
者清淨即觸界身識界及身觸身觸爲緣所
生諸受清淨觸界乃至身觸爲緣所生諸受
清淨即命者清淨何以故是命者清淨與觸
界乃至身觸爲緣所生諸受清淨无二无二
分无别无斷故生者清淨即身界清淨身界
清淨即生者清淨何以故是生者清淨與身
界清淨无二无二分无别无斷故生者清淨
即觸界身識界及身觸身觸爲緣所生諸受
清淨觸界乃至身觸爲緣所生諸受清淨即
生者清淨何以故是生者清淨與觸界乃至

即養育者清淨何以故是養育清淨與身
界清淨无二无二分无別无斷故養育者清
淨即觸界身識界及身觸身觸為緣所生諸
受清淨觸界乃至身觸為緣所生諸受清淨
即養育者清淨何以故是養育者清淨與觸
界乃至身觸為緣所生諸受清淨无二无二
分无別无斷故士夫清淨即身界清淨身界
清淨即士夫清淨何以故是士夫清淨與身
界清淨无二无二分无別无斷故士夫清淨
即觸界身識界及身觸身觸為緣所生諸受
清淨觸界乃至身觸為緣所生諸受清淨即
士夫清淨何以故是士夫清淨與觸界乃至
身觸為緣所生諸受清淨无二无二无分无別
无斷故補特伽羅清淨即身界清淨身界清

身觸為緣所生諸受清淨无二无分无別
无斷故補特伽羅清淨即身界清淨身界清
淨即補特伽羅清淨何以故是補特伽羅清
淨與身界清淨无二无二分无別无斷故補
特伽羅清淨即觸界身識界及身觸身觸為
緣所生諸受清淨觸界乃至身觸為緣所生
諸受清淨即補特伽羅清淨何以故是補特
伽羅清淨與觸界乃至身觸為緣所生諸受
清淨无二无二分无別无斷故意生清淨即
身界清淨身界清淨即意生清淨何以故是
意生清淨與身界清淨无二无二分无別无
斷故意生清淨即觸界身識界及身觸身觸
為緣所生諸受清淨觸界乃至身觸為緣所

二无二分无别无斷故儒童清淨即身界清
淨身界清淨即儒童清淨何以故是儒童清
淨與身界清淨无二无二分无别无斷故儒
童清淨即觸界身識界及身觸身觸為緣所
生諸受清淨觸界乃至身觸為緣所生諸受
清淨即儒童清淨何以故是儒童清淨與觸
界乃至身觸為緣所生諸受清淨无二无二
分无别无斷故作者清淨即身界清淨身界
清淨即作者清淨何以故是作者清淨與身
界清淨无二无二分无别无斷故作者清淨
即觸界身識界及身觸身觸為緣所生諸受
清淨觸界乃至身觸為緣所生諸受清淨即
作者清淨何以故是作者清淨與觸界乃至
身觸為緣所生諸受清淨无二无二分无别

作者清淨何以故是作者清淨與觸界乃至
身觸為緣所生諸受清淨无二无二分无別
无斷故受者清淨即身界清淨身界清淨即
受者清淨何以故是受者清淨與身界清淨
无二无二分无別无斷故受者清淨即觸界
身識界及身觸身觸為緣所生諸受清淨觸
界乃至身觸為緣所生諸受清淨即受者清
淨何以故是受者清淨與觸界乃至身觸為
緣所生諸受清淨无二无二分无別无斷故
知者清淨即身界清淨身界清淨即知者清
淨何以故是知者清淨與身界清淨无二无
二分无別无斷故知者清淨即觸界身識界
及身觸身觸為緣所生諸受清淨觸界乃至

BD00040 金光明最勝王經卷八

（唐）義净 譯

455.3cm × 25.4cm

所有勝業資助我　令得[illegible]
敬礼无欺誑　敬礼解脫者　敬礼離欲人　敬[illegible]
敬礼心清淨　敬礼光明者　敬礼真實語　敬[illegible]
敬礼住勝義　敬礼大衆主　敬礼辯才天　令我[illegible]
願我所求事　皆悉速成就　无病常安隱　壽命得延長
善解諸明呪　勸修菩提道　廣饒益群生　求心願早遂
我說真實語　我說无誑語　天女妙辯才　令我得成就
唯願天女来　令我語无滯　速入身口内　聰明足辯才
願令我舌根　當得如来辯　由彼語威力　調伏諸衆生
我所出語時　隨事皆成就　聞者生恭敬　所作不唐捐
若我求辯才　事不成就者　天女之實語　皆悉成虛妄
有作无間罪　佛語令調伏　及以阿羅漢　所有報恩語
舍利子目連　世尊衆第一　斯等真實語　願我皆成就
[illegible]

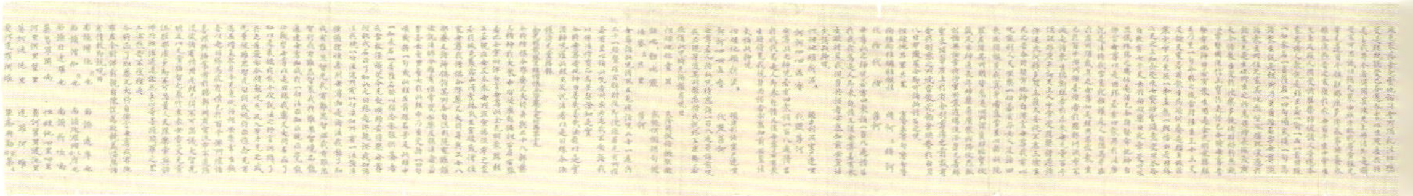

大梵及梵輔　一切梵王衆　乃至遍三千　索訶世界主
并及諸眷屬　我今皆請召　唯願降慈悲　哀憐同攝受
他化自在天　及以樂變化　覩史多天衆　慈氏當成佛
夜摩諸天衆　及三十三天　四大王衆天　一切諸天衆
地水火風神　依妙高山住　七海山神衆　所有諸眷屬
滿財及五頂　日月諸星辰　如是諸天衆　令世間安隱
斯等諸天神　不樂作罪業　敬佛鬼子母　及最小愛兒
天龍藥叉衆　乾闥阿蘇羅　及以緊那羅　莫呼洛伽等
我以世尊力　悉皆申請召　願降慈悲心　與我无礙辯
一切人天衆　能了他心者　皆願加神力　與我妙辯才
乃至盡虛空　周遍於法界　所有含生類　與我妙辯才
尒時辯才天女聞是請已告婆羅門言善哉
大士若有男子女人能依如是呪及呪請如前

BD00040　金光明最勝王經卷八

尒時辯才天女聞是說已告婆羅門言善哉
大士若有男子女人能依如是呪及呪請如前
所說受持法式歸敬三寶虔心正念於所求
事皆不唐捐兼復受持讀誦此金光明微妙
經典所願求者无不果遂速得成就除不至
心時婆羅門深心歡喜合掌頂受
尒時佛告辯才天女善哉善哉善女天汝能
流布是妙經王擁護所有受持經者及能利
益一切衆生令得安樂說如是法施與辯才
不可思議得福无量諸發心者速趣菩提
金光明最勝王經大吉祥天女品第十六
尒時大吉祥天女即從座起前礼佛足合掌
恭敬白佛言世尊我若見有苾芻苾芻尼鄔
波索迦鄔波斯迦受持讀誦為人解說是金
光明最勝王經者我當專心恭敬供養

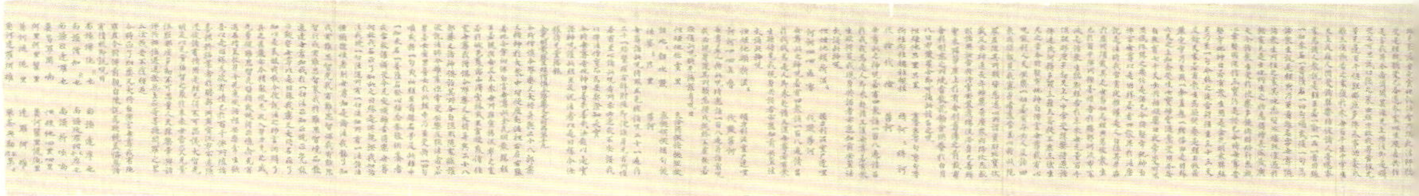

須資具皆令圓滿无有之少若晝若夜於此
經王所有句義觀察思量安樂而住令此經
典於贍部洲廣行流布為彼有情已於无量
百千佛所種善根者常使得聞不速隱沒復
於无量百千億劫當受人天種種勝樂常得
豐稔永除飢饉一切有情恒受安樂亦得值
遇諸佛世尊於未來世速證无上大菩提果
永絕三塗輪迴苦難世尊我念過去有瑠璃
金山寶花光照吉祥功德海如來應正等覺
十号具足我於彼所種諸善根由彼如來慈
悲愍念威神力故令我今日隨所念處隨所
視方隨所至國能令無量百千万億衆生受
諸快樂乃至所須衣服飲食資生之具金銀

BD00040　金光明最勝王經卷八

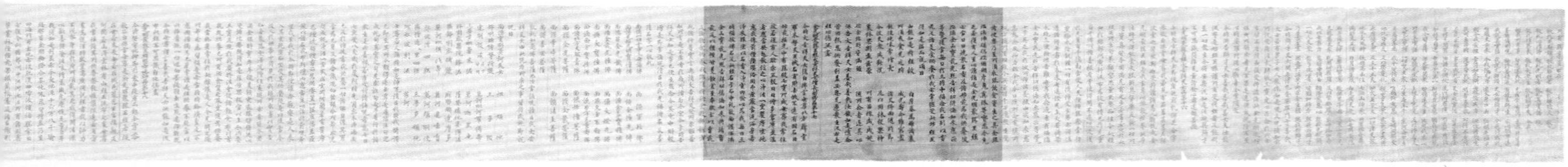

諸快樂乃至所須衣服飲食資生之具金銀
瑠璃硨磲碼碯珊瑚虎珀真珠等寶悉令充
足若復有人至心讀誦是金光明最勝王經
亦當日日燒眾名香及諸妙花為我供養彼
瑠璃金山寶花光照吉祥功得海如來應正
等覺復當每日於三時中稱念我名別以香
花及諸美食供養於我亦常聽受此妙經王
得如是福而說頌曰
由能如是持經故　自身眷屬離諸衰
所須衣食无乏時　威光壽命難窮盡
能使地味常增長　諸天降雨隨時節
令彼天眾咸歡悅　及以園林穀果神
叢林果樹並滋榮　所有苗稼咸成就

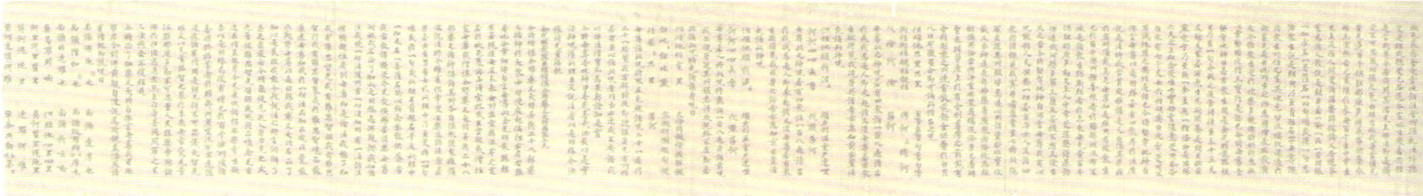

昔因報恩供養利益安樂无邊衆生流布是
經功德無盡

金光明最勝王經大吉祥天女增長財物品第十七

尒時大吉祥天女復白佛言世尊北方薛室
羅末拏天王城名有財去城不遠有國名曰
妙花福光中有勝殿七寶所成世尊我常住
彼若復有人欲求五穀日日增多倉庫盈溢
者應當發起敬信之心淨治一室瞿摩塗地
應我像前種種瓔珞周帀莊嚴當洗浴身著
淨衣服塗以名香入淨室內發心為我每日三
時稱彼佛名及此經名号礼敬南謨瑠璃
金山寶花光照吉祥功德海如來持諸香
花及以種種甘美飲食至心奉獻亦以香花

BD00040　金光明最勝王經卷八

金山寶花光照吉祥功德海如來於諸香
花及以種種甘美飲食至奉獻亦以香花
及諸飲食供養我像復持飲食散擲餘方
施諸神等實言邀請大吉祥天發所求願若
如所言是不虛者於我所請勿令空尒于時吉
祥天女知是事已便生愍念令其宅中財穀
增長即當誦呪請召於我先稱佛名及菩
薩名字一心敬礼
南謨一切十方三世諸佛　南謨寶髻佛
南謨无垢光明寶幢佛　南謨金幢光佛
南謨百金光藏佛　南謨金蓋寶積佛
南謨金花光幢佛　南謨大燈光佛
南謨大寶幢佛　南謨東方不動佛
南謨南方寶幢佛　南謨西方无量壽佛
[illegible]

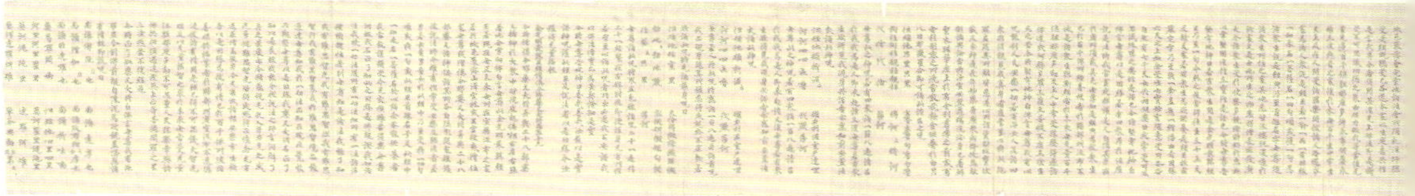

南謨常啼菩薩　南謨法上菩薩
南謨善安菩薩
敬礼如是佛菩薩已次當誦呪請召我大吉
祥天女由此呪力所求之事皆得成就即說
呪曰
南謨室唎莫訶天女　怛姪他
鉢唎脯嘌拏折囇　三曼頞
達唎設泥 去下皆同　莫訶毗訶囉揭帝
三曼哆毗曇末泥　莫訶迦里也
鉢喇底瑟侘鉢泥　薩婆頞他娑彈泥
蘇鉢喇底脯囇　痾耶娜達摩多
莫訶毗俱比帝　莫訶迷咄嚕
鄔波僧呬羝　莫訶頡唎使

BD00040　金光明最勝王經卷八

鄔波僧呬羝　莫訶頡唎使
蘓僧近入里呬羝　三曼多頞他
阿奴波剌泥　莎訶
世尊若人誦持如是神呪請召我時我聞請
已即至其所令願得遂世尊是灌頂法句定
成就句真實之句无虛誑句是平等行於諸
衆生是正善根若有受持讀誦呪者應七日
七夜受八支戒於晨朝時先嚼齒木淨澡漱
已及於晡後香花供養一切諸佛自陳其罪
當為已身及諸含識迴向發願令所希求速
得成就淨治一室或在空閑阿蘭若處瞿摩
為壇燒栴檀香而為供養置一勝座幡蓋莊
嚴以諸名花布列壇內應當至心誦持前呪希

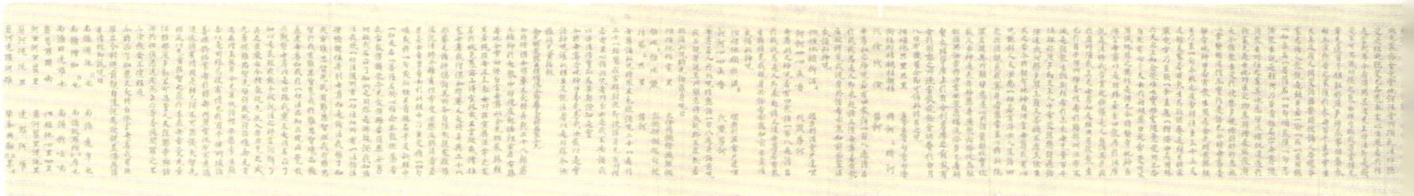

彼人於睡夢中得見於我隨所求事以實告
知若聚落空澤及僧住處隨所求者皆令圓
滿金銀財寶牛羊穀麥飲食衣服皆得隨心
受諸快樂既得如是勝妙果報當以上分供養
三寶及施於我廣修法會設諸飲食布列香
花既供養已所有供食貿之取直復為供養
我當終身常住於此擁護是人令無闕乏隨
所希求悉皆稱意亦當時時給濟貧乏不
應慳惜獨為己身常讀是經供養不絕當以
此福普施一切迴向菩提願出生死速得解脫
尒時世尊讚言善哉吉祥天女汝能如是流
布此經不可思議自他俱益

金光明最勝王經堅牢地神品第十八

尒時堅牢地神即於衆中從座而起合掌恭

BD00040　金光明最勝王經卷八

金光明最勝王經堅牢地神品第十八
尒時堅牢地神即於衆中從座而起合掌恭
敬而白佛言世尊是金光明最勝王經若現
在世若未來世若在城邑聚落王宮樓觀及
阿蘭若山澤空林有此經王流布之處世尊
我當往詣其所供養恭敬擁護流通若有方
處為說法師敷置高座演說經者我以神力
不現本身在於座所頂戴其足我得聞法深
心歡喜得飡法味增益威光慶悅无量自身
既得如是利益亦令大地深十六万八千踰
繕那至金剛輪際令其地味悉皆增益乃至
四海所有土地亦使肥濃田疇沃壤倍勝常日
亦復令此贍部洲中江河池沼所有諸樹藥

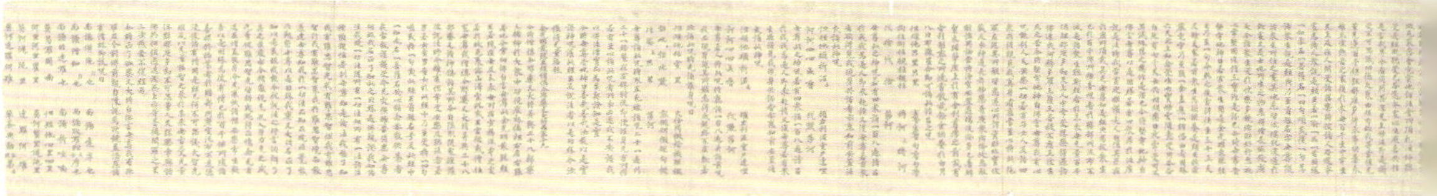

有情受用如是勝飲食已長命色力諸根安
隱增益光輝无諸痛惱心慧勇健无不堪能
又此大地凡有所須百千事業悉皆周備世
尊以是因緣諸贍部洲安隱豊樂人民熾盛
無諸衰惱所有衆生皆受安樂既受如是身
心快樂於此經王深加受敬所在之處皆願受
受持供養恭敬尊重讚歎又復於彼說法大
師法座之處悉皆往彼為諸衆生勸請說是
最勝經王何以故世尊由說此經我之自身
并諸眷屬咸蒙利益光輝氣力勇猛威勢顏
容端正倍勝於常世尊我堅牢地神蒙法味
已令贍部洲縱廣七千踰繕那地皆沃壤乃
至如前所有衆生皆受安樂是故世尊時彼
衆生為報我恩應作是念我當必定聽受是

至如前所有衆生皆受安樂是故世尊時彼
衆生爲報我恩應作是念我當必定聽受是
經恭敬供養尊重讃歎作是念已即從住處
城邑聚落舍宅空地詣法會所頂礼法師聽
受是經既聽受已各還本處心生慶喜共作
是言我等今者得聞甚深无上妙法即是攝
受不可思議功德之聚由經力故我等當值无
量无邊百千俱胝那庾多佛承事供養永
離三塗極苦之處復於来世百千生中常生
天上及在人間受諸勝樂時彼諸人各還本
處爲諸人衆說是經王若一喻一品一昔因緣
一如来名一菩薩名一四句頌或復一句爲
諸衆生說是經典乃至首題名字世尊隨

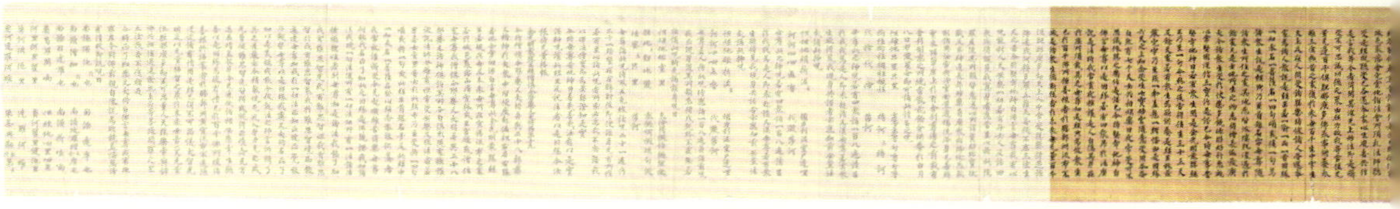

大令諸衆生受於快樂多饒珍財好行恵施
心常堅固深信三寶作是語已尒時世尊告
堅牢地神曰若有衆生聞是金光明最勝經
王乃至一句命終之後當得往生三十三天
及餘天處若有衆生為欲供養是經王故莊
嚴宅宇乃至張一傘蓋懸一繒幡由是因緣
六天之上如念受生七寶妙宮隨意受用各各
自然有七千天女共相娛樂日夜常受不可
思議殊勝之樂作是語已尒時堅牢地神白
佛言世尊以是因緣若有四衆昇於法座
說是法時我當晝夜擁護是人自隱其身在
於座所頂戴其足世尊如是經典為彼衆生
已於百千佛所種善根者於贍部洲流布不
滅是諸衆生聽斯經者於未來世无量百千

BD00040　金光明最勝王經卷八

滅是諸衆生聽斯經者於未來世无量百千
俱胝那庾多劫天上人中常受勝樂得遇諸
佛速成阿耨多羅三藐三菩提不歷三塗生
死之苦尒時堅牢地神白佛言世尊我有心
呪能利人天安樂一切若有子女人及諸四
衆欲得親見我真身者應當至心持此陁
羅尼隨其所願皆悉遂心所謂資財珎寶伏
藏及求神通長年妙藥并療衆病降伏怨敵
制諸異論當於淨室安置道場洗浴身已著鮮
潔衣踞草座上於有舍利尊像之前或有
舍利制底之所燒香散花飲食供養於白月
八日布灑星合即可誦此請召之呪
怛姪他只里只里　主嚕主嚕　句嚕句嚕
拘拄拘拄覩拄覩拄　縛訶上縛訶

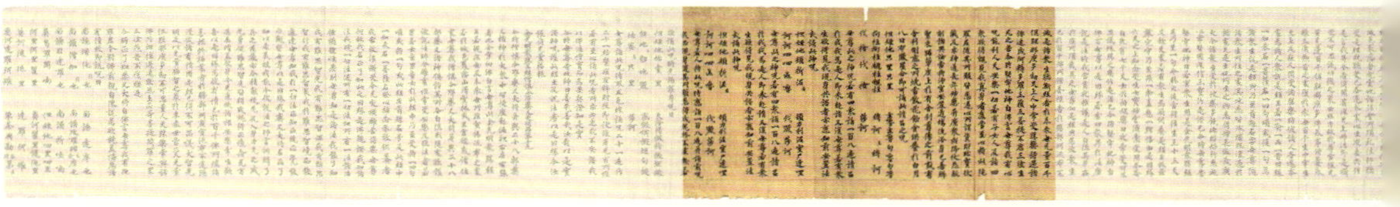

世尊此之神呪若有四衆誦一百八遍請召
於我我爲是人即來赴請又復世尊若有衆
生欲得見我現身共語者亦應如前安置法
式誦此神呪
怛姪他頞折泥去 頡力利泥室尸達哩
訶訶呬呬嘔嚕 伐孋莎訶
世尊此之神呪若有四衆誦一百八遍請召
於我我爲是人即來赴請又復世尊若有衆
生欲得見我現身共語者亦應如前安置法
式誦此神呪
怛姪他頞折泥去 頡力利泥室尸達哩
訶訶呬呬嘔嚕 伐孋莎訶
世尊若人持此呪時應誦一百八遍并誦前呪
我必現身隨其所願悉得成就終不虛然若

我必現身隨其所願悉得成就終不虛然若
欲誦此呪時先誦護身呪曰
怛姪他你室里　末捨羯檥㮈檥矩檥
勃地上勃地矖　底檥呬檥矩句檥
佉婆上只里　莎訶
世尊誦此呪時取五色線誦呪二十一遍作
二十一結繫在左臂肘後即便護身无有所懼
若有至心誦此呪者所求必遂我不妄語我
以佛法僧寶而為要契證知是實
尒時世尊告地神曰善哉善哉汝能以是實
語神呪護此經王及說法者以是因緣令汝
獲得无量福報
金光明最勝王經僧慎尒耶藥叉大將品第十九

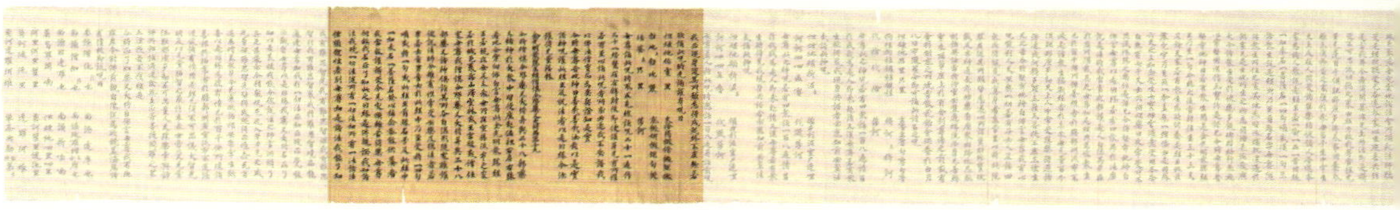

著地合掌向佛白言世尊此金光明最勝經
王若現在世及未來世所在宣揚流布之處
若於城邑聚落山澤空林或王宮殿或僧住
處世尊我僧慎尒耶藥叉大將并與二十八
部藥叉諸神俱詣其所各自隱形隨處擁護
彼說法師令離衰惱常受安樂及聽法者若
男若女童男童女於此經中乃至受持一四句
頌或持一句或此經王首題名号及此經中
一如來名一菩薩名發心稱念恭敬供養者
我當救護攝受令无灾橫離苦得樂世尊
何故我名正了知此之因緣是佛親證我知諸
法我曉一切法隨所有一切法如所有一法諸法
種類體性差別世尊如是諸法我能了知

種類體性差別世尊如是諸法我能了知
我有難思智光我有難思智炬我有難思
智行我有難思智聚我於難思智境而能
通達世尊如我於一切法正知正曉正覺能
正觀察世尊以是因緣我藥叉大將名正了
知以是義故我能令彼說法之師言詞辯了
具足莊嚴亦令精氣從毛孔入身力充足威
光勇健難思智光皆得成就得正憶念无有
退屈增益彼身令无衰減諸根安樂常生歡
喜以是因緣為彼有情已於百千佛所殖諸
善根修福業者於贍部洲廣宣流布不速隱
沒彼諸有情聞是經已得不可思議大智光
明及以无量福智之聚於未來世當受无量

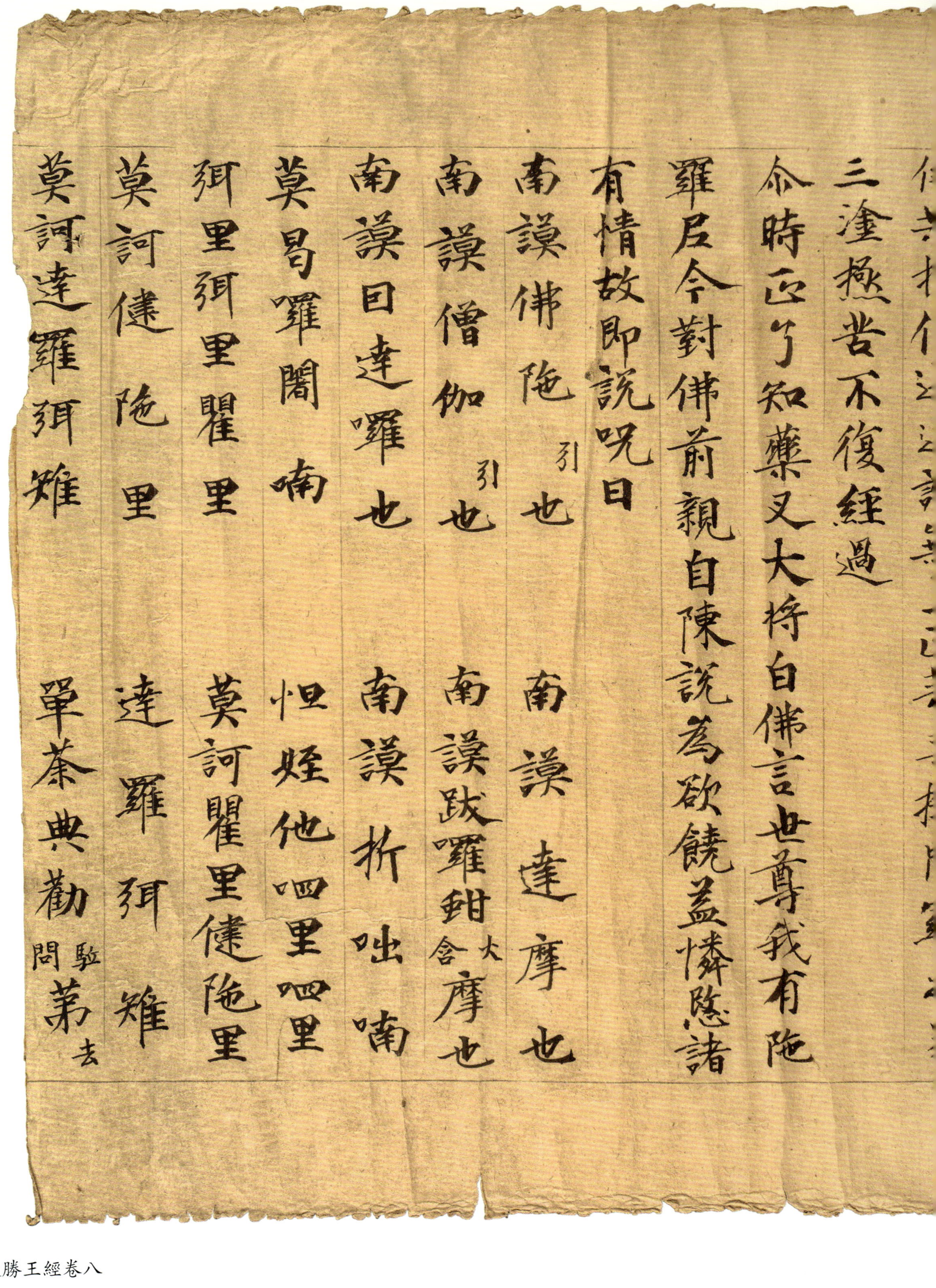

三塗極苦不復經過
尒時正了知藥叉大將白佛言世尊我有陀
羅尼今對佛前親自陳說為欲饒益憐愍諸
有情故即說呪曰
南謨佛陀(引)也　南謨達摩也
南謨僧伽(引)也　南謨跋囉鉗(大含)摩也
南謨因達囉也　南謨折咄喃
莫曷囉闍喃　怛姪他呬里呬里
弭里弭里瞿里　莫訶瞿里健陀里
莫訶健陀里　達羅弭雉
莫訶達羅弭雉　單荼典勸(驅問)弟(去)

BD00040　金光明最勝王經卷八

BD00041-1　楞伽經禪門悉談章

定慧 譯述

BD00041-2　千手千眼觀世音菩薩廣大圓滿無礙大悲心陀羅尼經咒鈔（擬）

155.5cm × 27.5cm

名色望呼名如以等色白非
無嗔嘆性上看性妙中妙要底了要會流
盧樓呵羅耀諸仏子莫嗔嘆憂愁嗔嘆是
障道於此道門無嗔嘆澄心須看內外照眼中
有驗須磨耀銅鏡不摩不中照檯奈了絛
掃婆呵也淨掃　桉々崖々畔々　第六心離禪
門觀不來不去無崖畔覽上看覺除之
乱仏与眾生同轄鼓奔元清淨魔墦散數
底利曾流盧樓桉呵畔
諸仏子莫惕看道上大有羅剎喚愚人來
去常鬔半染著色塵心奈乱行住坐臥無
鼓在於眾中牡叫喚得他勸聞即攉難恥

大[illegible]

三男大師實難遇生死涅盤不合往愛呵

送上不流注見心魔自去ヽ底利去會流盧

樓沸會與　諸仏子常覺悟靜心往立

無染惡一切魔軍自然去與驢侶專住娑

呵也大悟　呵ヽ樂ヽ藥ヽ第八禪門絶針勾

不高不下無闔閣不出不入無礙廓亦想

顯聲是初學生動念悲令看著九坐用

切作不作無樂可樂是常樂惠燈一照三千

廓空之水常請八萬拘十方　諸仏同開覺

ヽ底利博魯流盧樓呵娑藥諸仏子自在

作莫制約四維上下不可度住寂涅盤同開

郭甚安ヽ樂無著娑呵也寺覺

BD00041-1　楞伽經禪門悉談章

郭甚安、樂無著娑呵世尊覺

千手千眼廣大圓滿无礙大悲心速逆上地陁羅尼曰

南謨大悲觀世音願我速知一切法　南无大悲觀世音願我早得智慧眼

南无大悲觀世音願我速度一切衆　南无大悲觀世音願我早得善方便

南无大悲觀世音願我速乘般若船　南无大悲觀世音願我早得越苦海

南无大悲觀世音願我速得戒定道　南无大悲觀世音願我早登涅槃山

南无大悲觀世音願我速會无爲舍　南无大悲觀世音願我早同法性身

我若向刀山　刀山自摧折我若向火湯火湯自消滅我若向地獄地獄自枯竭

我若向餓鬼餓鬼自飽滿　我若向脩羅惡心自調伏我若向畜生自得大智慧

千手千眼觀世音菩薩廣大圓滿無礙大悲速逆上地延壽應現与

願陀羅尼曰　南謨喝囉怛那哆囉夜耶　南無阿利耶二婆盧枳

帝爍皤囉耶三菩地薩跢皤耶四摩訶薩跢皤耶五摩訶迦嚧

迦耶六怛地他上唵七薩皤囉伐曳數怛那怛寫八南無悉枳哩哆皤伊

蒙阿利耶　縛嚧枳帝失縛囉楞馱婆　南無那囉謹墀醯唎摩皤哆沙咩

皤薩々婆々摩々囉々摩々醯唎䭾𠼝俱俱盧羯㨶唎々嚕々筏社
耶帝摩訶筏𠰒耶帝陁々囉々地唎尼嗜皤囉耶遮々囉々摩々𤚥
摩摩囉穆帝哩伊醯移呬室々那々阿囉參傳囉舍利筏沙筏
參傳囉舍耶引上呼々嚧々摩囉呼嚧醯唎娑々囉々悉々唎素
々嚕々菩々地夜々菩々䭾々夜弥帝唎夜那囉謹墀墀他唎瑟尼那
夜摩那娑皤訶悉䭾耶娑皤訶引上摩訶悉䭾夜娑皤
訶悉揄藝室皤囉耶娑皤訶那囉謹墀娑皤訶摩
囉那囉𤚥𠼝訶謹佉耶娑皤訶跛阿悉䭾夜娑皤訶
斫吉囉阿悉䭾夜娑皤訶　婆摩羯悉䭾夜娑皤訶　那
囉謹墀皤伽囉耶娑皤訶　摩婆利勝羯囉夜娑皤訶
南謨喝囉怛那哆囉夜耶　南謨阿唎耶婆盧枳帝爍皤囉
夜悉殿都漫多囉跋䭾耶娑皤訶　千眼千手廣大圓滿無礙大
悲降伏九十五種邪道摧魔軍破業障𢗌攝一切毒害惡賊
[illegible]羅尼曰　南莫[illegible]

BD00041－2　千手千眼觀世音菩薩廣大圓滿無礙大悲心陀羅尼經咒鈔（擬）

悲降伏九十五種邪道摧魔軍破業障慈摧一切毒害惡見
消滅一切災怪延壽大法身陁羅尼曰　南謨薩縛若耶一
南謨喝囉怛那哆囉夜耶　南謨阿弥陁婆耶　怛他揭哆耶阿
囉訶羝藐三藐三菩䭾耶　南謨阿利耶　縛嚕枳帝濕伐囉
耶　菩地薩哆𤚥耶　摩訶薩哆𤚥耶摩訶迦嚕尼迦耶
南謨摩訶娑他摩䟦囉鉢哆耶　菩地娑哆𤚥耶摩訶娑
哆𤚥耶 引上 摩訶迦嚕你迦耶　南謨喔怖囉毗摩那嘌鉢剌底
瑟耻哆　僧弃耶素唎耶舍哆婆訶　薩囉阿羝唎迦　鉢囉婆
阿縛婆　悉䭾慕嘌　哆嘅摩訶麼你摩呗吒軍荼囉䭾嘌𡜣
婆伽縛底　鉢頭摩䟦𡚱嘅薩囉嚕迦阿耶　畚麼𡚱耶
喔喔䭾社佉搽摩毗畚吺瑟吒薩婆娑哆𤚥　䟦哩嗨遮𡚱耶
怛地他 引上 唵婆囉部𠻴　摩訶嚕迦嵴囉𠻴　阿哆麼悉底
㖿　阿囉鉢吒囉毗𡚱畚那伽囉耶伽囉耶　薩沙　摩訶誅
訶社囉畚麼迦舍婆寥迦　阿叻誐沙迦　薩婆䟦耶　突嘌揭羝
鉢囉舍摩伽耶揭囉　迦摩訶薩也畫哆𤚥縛囉䭾鉢頭摩

〻之……摩言之…… 〻之柁吒摩侶吒 楞詰哩哆舍利
蘭摩戸迦𡅏迦 囉社哆筏折 囉吷唑哩耶楞詰嗓哆嚕唎
囉耶跢婆視舥迦摩 囉楞詰嗓哆鉢囉皤 囉𡅏哩者𡅏摩
訶社舥𡅏囉舥利舍多婆薩囉侠多迦耶摩訶菩提薩哆
皤毗〻馱〻摩〻毗〻舥〻舍耶〻摩訶演覩嚕訖絲奢迦皤吒縛哆
皤僧婆賀囉迦波囉迦囉摩他𡅏布魯沙鉢頭摩布魯
沙舥伽布嚕沙婆楬囉毗〻囉〻社耶 素〻咀〻跢〻鉢哩縛哩
哆馱〻摩〻些〻摩〻覩〻嚕〻跛〻囉〻奢〻娑〻耶〻祇〻離〻
尾〻犁〻悶〻遮〻覩〻舥〻毗〻覩〻舥〻覩〻嚕〻伽〻耶〻伽〻馱〻耶〻嚌〻
娑〻鉢〻囉〻賀〻娑〻嶶尾馱迦𥘵奢縛薩𡅏麼〻比丘道真
瑪賀〻囉〻僧〻賀〻囉〻覩〻嚕〻嶶〻摩訶謁娑羅都嚕嶶
迦囉𡅏奢哆鉢囉紐迦縛婆婆毗沙舥奢摩迦摩訶菩
提薩跢皤縛囉馱耶沙婆皤訶

提薩跢皤縛囉馱耶娑皤訶

BD00041-2　千手千眼觀世音菩薩廣大圓滿無礙大悲心陀羅尼經咒鈔（擬）　（4-4）

BD00042 **金剛般若波羅蜜經**

（後秦）鳩摩羅什 譯

BD00042v **雜寫**

456.5cm×25.5cm

善付囑諸菩薩汝[illegible]
善女人發阿耨多羅三藐三菩提心應如是
住如是降伏其心唯然世尊願樂欲聞
佛告須菩提諸菩薩摩訶薩應如是降伏其
心所有一切衆生之類若卵生若胎生若濕生
若化生若有色若无色若有想若无想若
非有想若非无想我皆令入无餘涅槃而滅度
之如是滅度无量无數无邊衆生實无衆生
得滅度者何以故須菩提若菩薩有我想
人相衆生相壽者相即非菩薩
復次須菩提菩薩於法應无所住行於布施
所謂不住色布施不住聲香味觸法布施須
菩提菩薩應如是布施[illegible]於相何以故若

菩薩不住相布施其福德不可思量須菩提
於意云何東方虛空可思量不不也世尊須
菩提南西北方四維上下虛空可思量不不
也世尊須菩提菩薩无住相布施福德亦復
如是不可思量須菩提菩薩但應如所教住
須菩提於意云何可以身相見如來不不也
世尊不可以身相得見如來何以故如來所
說身相即非身相佛告須菩提凡所有相皆
是虛妄若見諸相非相則見如來
須菩提白佛言世尊頗有衆生得聞如是言
說章句生實信不佛告須菩提莫作是說
如來滅後後五百歲有持戒脩福者於此章
句能生信心以此爲實當知是人不於一佛二
佛三四五佛而種善根已於无量千万佛所

BD00042　金剛般若波羅蜜經

何能生信心以此為實當知是人不於一佛二
佛三四五佛而種善根已於无量千万佛所
種諸善根聞是章句乃至一念生淨信者須
菩提如来悉知悉見是諸衆生得如是无量
福德何以故是諸衆生无復我相人相衆生
相壽者相无法相亦无非法相何以故是諸
衆生若心取相則為著我人衆生壽者若取
法相即著我人衆生壽者何以故若取非法
相即著我人衆生壽者是故不應取法不應
取非法以是義故如来常說汝等比丘知我
說法如筏喻者法尚應捨何况非法
須菩提於意云何如来得阿耨多羅三藐三
菩提耶如来有所說法耶須菩提言如我解
佛所說義无有定法名阿耨多羅三藐三菩

法皆不可取不可說非法非非法所以者何
一切賢聖皆以无為法而有差別
須菩提於意云何若人滿三千大千世界七
寶以用布施是人所得福德寧為多不須菩
提言甚多世尊何以故是福德即非福德性
是故如來說福德多若復有人於此經中受
持乃至四句偈等為他人說其福勝彼何以
故須菩提一切諸佛及諸佛阿耨多羅三藐
三菩提法皆從此經出須菩提所謂佛法者
即非佛法
須菩提於意云何須陁洹能作是念我得須
陁洹果不須菩提言不也世尊何以故須陁
洹名為入流而无所入不入色聲香味觸法

BD00042　金剛般若波羅蜜經

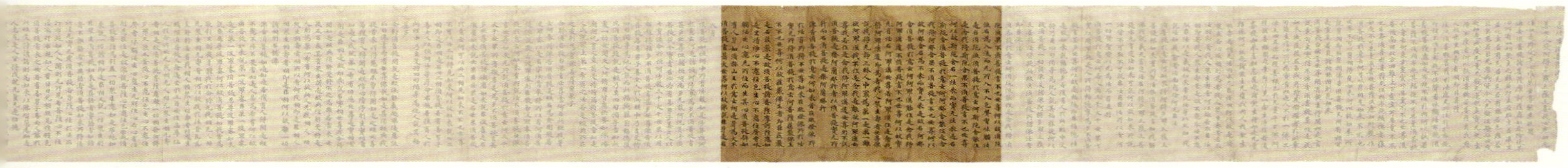

陁洹果不須菩提言不世世尊何以故須陁
洹名為入流而无所入不入色聲香味觸法
是名須陁洹須菩提於意云何斯陁含能作
是念我得斯陁含果不須菩提言不世世尊
何以故斯陁含名一往来而實无往来是名
斯陁含須菩提於意云何阿那含能作是念
我得阿那含果不須菩提言不世世尊何以
故阿那含名為不来而實无来是故名阿那
含須菩提於意云何阿羅漢能作是念我得
阿羅漢道不須菩提言不世世尊何以故實
无有法名阿羅漢世尊若阿羅漢作是念我
得阿羅漢道即為著我人衆生壽者世尊佛
說我得无諍三昧人中冣為苐一是苐一離

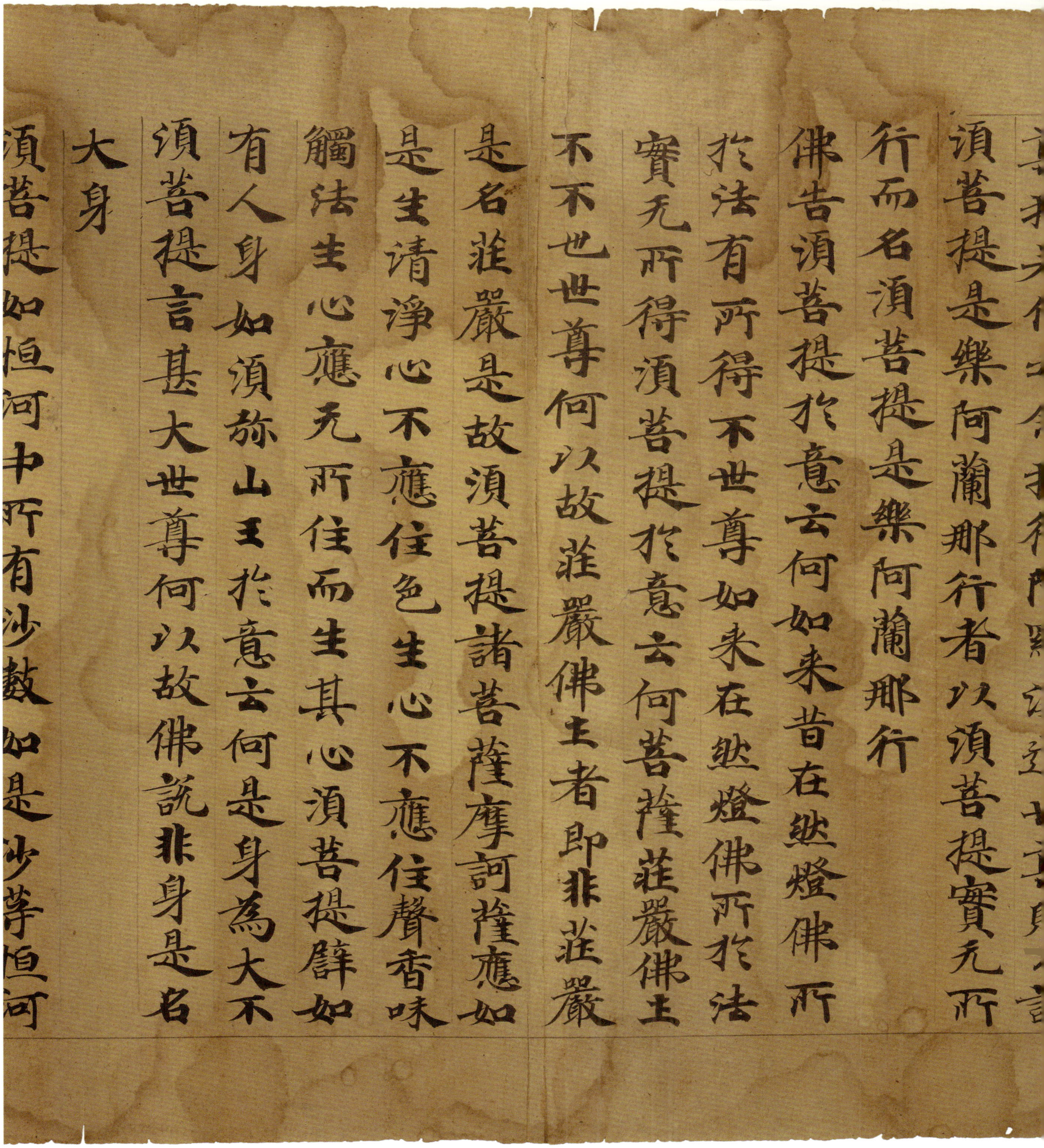

須菩提是樂阿蘭那行者以須菩提實无所
行而名須菩提是樂阿蘭那行
佛告須菩提於意云何如来昔在然燈佛所
於法有所得不世尊如来在然燈佛所於法
實无所得須菩提於意云何菩薩莊嚴佛土
不不世世尊何以故莊嚴佛土者即非莊嚴
是名莊嚴是故須菩提諸菩薩摩訶薩應如
是生清淨心不應住色生心不應住聲香味
觸法生心應无所住而生其心須菩提譬如
有人身如須弥山王於意云何是身為大不
須菩提言甚大世尊何以故佛說非身是名
大身
須菩提如恒河中所有沙數如是沙等恒河

BD00042　金剛般若波羅蜜經

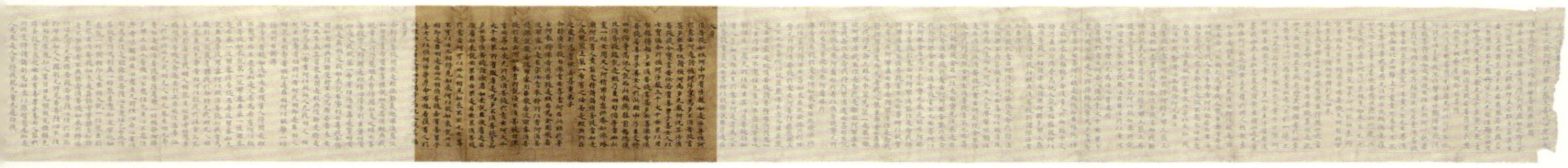

大身
須菩提如恒河中所有沙數如是沙等恒河
於意云何是諸恒河沙寧為多不須菩提言
甚多世尊但諸恒河尚多无數何況其沙須
菩提我今實言告汝若有善男子善女人以
七寶滿尒所恒河沙數三千大千世界以用
布施得福多不須菩提言甚多世尊佛告須
菩提若善男子善女人於此經中乃至受持
四句偈等為他人說而此福德勝前福德復
次須菩提隨說是經乃至四句偈等當知此
處一切世間天人阿脩羅皆應供養如佛塔
廟何況有人盡能受持讀誦須菩提當知是
人成就最上第一希有之法若是經典所在

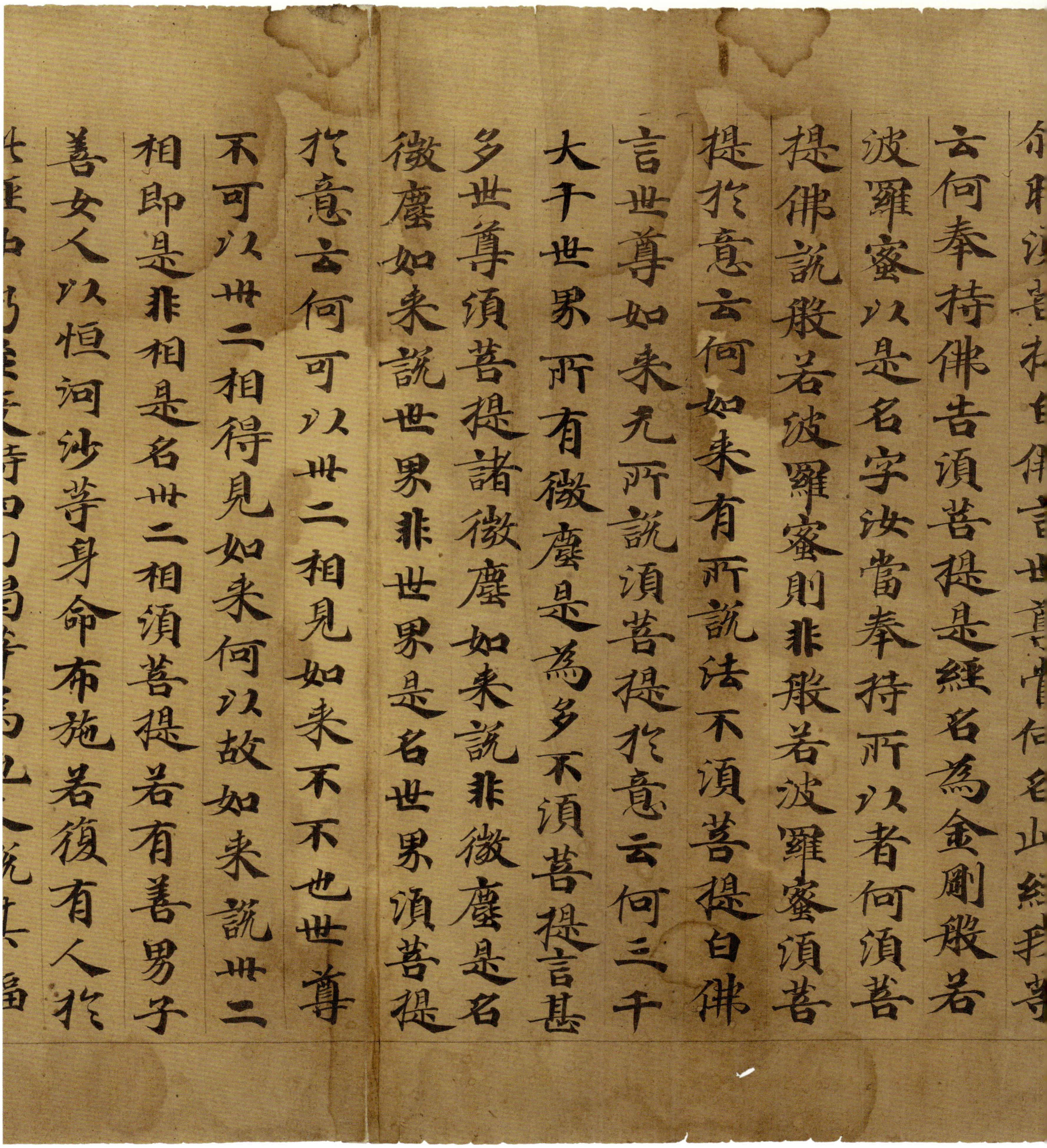

爾時須菩提白佛言世尊當何名此經我等
云何奉持佛告須菩提是經名為金剛般若
波羅蜜以是名字汝當奉持所以者何須菩
提佛說般若波羅蜜則非般若波羅蜜須菩
提於意云何如來有所說法不須菩提白佛
言世尊如來无所說須菩提於意云何三千
大千世界所有微塵是為多不須菩提言甚
多世尊須菩提諸微塵如來說非微塵是名
微塵如來說世界非世界是名世界須菩提
於意云何可以卅二相見如來不不也世尊
不可以卅二相得見如來何以故如來說卅二
相即是非相是名卅二相須菩提若有善男子
善女人以恒河沙等身命布施若復有人於
此經中乃至受持四句偈等為他人說其福

BD00042　金剛般若波羅蜜經

善女人以恒河沙等身命布施若復有人於
此經中乃至受持四句偈等為他人說其福
甚多
尒時須菩提聞說是經深解義趣涕淚悲泣
而白佛言希有世尊佛說如是甚深經典我
從昔來所得慧眼未曾得聞如是之經世尊
若復有人得聞是經信心清淨則生實相當
知是人成就第一希有功德世尊是實相者
則是非相是故如來說名實相世尊我今得
聞如是經典信解受持不足為難若當來世
後五百歲其有衆生聞是經典信解受持是
人則為第一希有何以故此人无我相人相
衆生相壽者相所以者何我相即是非相人

諸相則名諸佛
佛告須菩提如是如是若復有人得聞是經
不驚不怖不畏當知是人甚為希有何以故
須菩提如来說第一波羅蜜非第一波羅蜜
是名第一波羅蜜須菩提忍辱波羅蜜如来
說非忍辱波羅蜜何以故須菩提如我昔為
歌利王割截身體我於尒時无我相无人相
无衆生相无壽者相何以故我於往昔節節
支解時若有我相人相衆生相壽者相應生
瞋恨須菩提又念過去於五百世作忍辱仙
人於尒所世无我相无人相无衆生相无壽
者相是故須菩提菩薩應離一切相發阿耨
多羅三藐三菩提心不應住色生心不應住
聲香味觸法生心應生无所住心若心有住

BD00042　金剛般若波羅蜜經

聲香味觸法生心應生无所住心若心有住
則為非住是故佛説菩薩心不應住色布施須
菩提菩薩為利益一切衆生應如是布施如
来説一切諸相即是非相又説一切衆生則
非衆生須菩提如来是真語者實語者如語
者不誑語者不異語者須菩提如来所得法
此法无實无虚須菩提若菩薩心住於法而
行布施如人入闇則无所見若菩薩心不住
法而行布施如人有目日光明照見種種色
須菩提當来之世若有善男子善女人能於
此經受持讀誦則為如来以佛智慧悉知是
人悉見是人皆得成就无量无邊功德
須菩提若有善男子善女人初日分以恒河

後日分亦以恒河沙等身布施如是无量百
千万億劫以身布施若復有人聞此經典信
心不逆其福勝彼何况書寫受持讀誦為人
解說須菩提以要言之是經有不可思議不
可稱量无邊功德如来為發大乘者說為發
最上乘者說若有人能受持讀誦廣為人說
如来悉知是人悉見是人皆得成就不可量不
可稱无有邊不可思議功德如是人等則為
荷擔如来阿耨多羅三藐三菩提何以故須
菩提若樂小法者著我見人見衆生見壽者
見則於此經不能聽受讀誦為人解說須菩
提在在處處若有此經一切世間天人阿脩
羅所應供養當知此處則為是塔皆應恭敬
作礼圍繞以諸華香而散其處

BD00042　金剛般若波羅蜜經

作礼圍繞以諸華香而散其處
復次須菩提善男子善女人受持讀誦此經
若為人輕賤是人先世罪業應墮惡道以今
世人輕賤故先世罪業則為消滅當得阿耨
多羅三藐三菩提須菩提我念過去无量阿
僧祇劫於然燈佛前得值八百四千万億那
由他諸佛悉皆供養承事无空過者若復有
人於後末世能受持讀誦此經所得功德於
我所供養諸佛功德百分不及一千万億分
乃至筭數譬喻所不能及須菩提若善男子
善女人於後末世有受持讀誦此經所得功
德我若具說者或有人聞心則狂亂狐疑不
信須菩提當知是經義不可思議果報亦不

爾時須菩提白佛言世尊善男子善女人發
阿耨多羅三藐三菩提心云何應住云何降
伏其心佛告須菩提善男子善女人發阿耨
多羅三藐三菩提者當生如是心我應滅度
一切衆生滅度一切衆生已而无有一衆生
實滅度者何以故若菩薩有我相人相衆生
相壽者相則非菩薩所以者何須菩提實无
有法發阿耨多羅三藐三菩提者須菩提於
意云何如来於然燈佛所有法得阿耨多羅
三藐三菩提不不也世尊如我解佛所說義
佛於然燈佛所无有法得阿耨多羅三藐三
菩提佛言如是如是須菩提實无有法如来
得阿耨多羅三藐三菩提須菩提若有法如
来得阿耨多羅三藐三菩提然燈佛則不與

BD00042　金剛般若波羅蜜經

得阿耨多羅三藐三菩提須菩提若有法如
来得阿耨多羅三藐三菩提然燈佛則不與
我受記汝於来世當得作佛号釋迦牟尼以
實无有法得阿耨多羅三藐三菩提是故然
燈佛與我受記作是言汝於来世當得作佛
号釋迦牟尼何以故如来者即諸法如義若
有人言如来得阿耨多羅三藐三菩提須菩
提實无有法佛得阿耨多羅三藐三菩提須菩
提如来所得阿耨多羅三藐三菩提於是
中无實无虗是故如来說一切法皆是佛法
須菩提所言一切法者即非一切法是故名
一切法須菩提譬如人身長大須菩提言世
尊如来說人身長大則為非大身是名大身

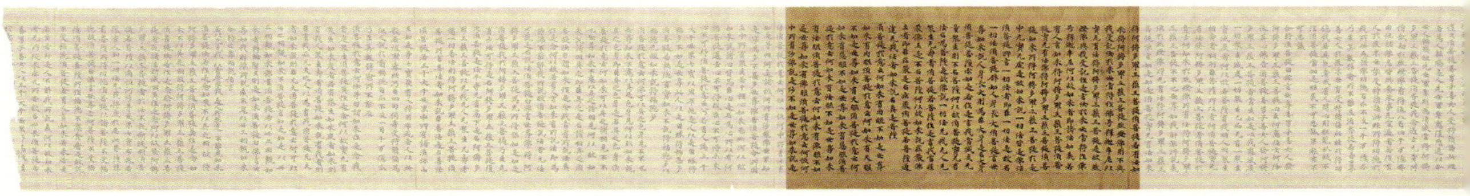

法名為菩薩是故佛說一切法无我无人无
衆生无壽者須菩提若菩薩作是言我當莊
嚴佛土是不名菩薩何以故如來說莊嚴佛
土者即非莊嚴是名莊嚴須菩提若菩薩通
達无我法者如來說名真是菩薩
須菩提於意云何如來有肉眼不如是世尊
如來有肉眼須菩提於意云何如來有天眼
不如是世尊如來有天眼須菩提於意云何
如來有慧眼不如是世尊如來有慧眼須菩
提於意云何如來有法眼不如是世尊如來
有法眼須菩提於意云何如來有佛眼不如
是世尊如來有佛眼須菩提於意云何恒河
中所有沙佛說是沙不如是世尊如來說是

BD00042　金剛般若波羅蜜經

中所有沙佛說是沙不如是世尊如來說是
沙須菩提於意云何如一恒河中所有沙有
如是等恒河是諸恒河所有沙數佛世界如
是寧為多不甚多世尊佛告須菩提尒所國
土中所有衆生若干種心如來悉知何以故
如來說諸心皆為非心是名為心所以者何
須菩提過去心不可得現在心不可得未來
心不可得須菩提於意云何若有人滿三千
大千世界七寶以用布施是人以是因緣得
福多不如是世尊此人以是因緣得福甚多
須菩提若福德有實如來不說得福德多以
福德无故如來說得福德多
須菩提於意云何佛可以具足色身見不不世

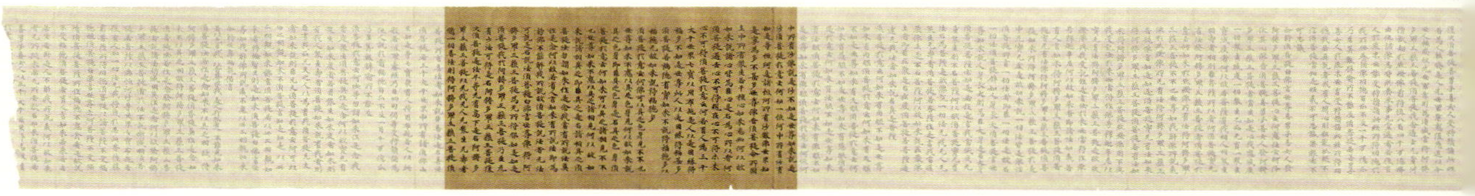

菩提於意云何如來可以具足諸相見不不
也世尊如來不應以具足諸相見何以故如
來說諸相具足即非具足是名諸相具足須
菩提汝勿謂如來作是念我當有所說法莫
作是念何以故若有人言如來有所說法即為
謗佛不能解我所說故須菩提說法者无法
可說是名說法須菩提白佛言世尊佛得阿
耨多羅三藐三菩提為无所得耶如是如是
須菩提我於阿耨多羅三藐三菩提乃至无
有少法可得是名阿耨多羅三藐三菩提復
次須菩提是法平等无有高下是名阿耨多
羅三藐三菩提以无我无人无衆生无壽者
脩一切善法則得阿耨多羅三藐三菩提須

BD00042　金剛般若波羅蜜經

羅三藐三菩提以无我无人无衆生无壽者
脩一切善法則得阿耨多羅三藐三菩提須
菩提所言善法者如来說非善法是名善法
須菩提若三千大千世界中所有諸須弥山
王如是等七寶聚有人持用布施若人以此
般若波羅蜜經乃至四句偈等受持讀誦為
他人說於前福德百分不及一百千万億分
乃至筭數譬喻所不能及
須菩提於意云何汝等勿謂如来作是念我
當度衆生須菩提莫作是念何以故實无有
衆生如来度者若有衆生如来度者如来則
有我人衆生壽者須菩提如来說有我者則
非有我而凡夫之人以為有我須菩提凡夫
者如来說則非凡夫是名凡夫

二相觀如来佛言須菩提若以卅二相觀如
来者轉輪聖王則是如来須菩提白佛言世
尊如我解佛所說義不應以卅二相觀如来
尒時世尊而說偈言
若以色見我　以音聲求我　是人行邪道　不能見如来
須菩提汝若作是念如来不以具足相故得
阿耨多羅三藐三菩提須菩提莫作是念如
来不以具足相故得阿耨多羅三藐三菩提
須菩提汝若作是念發阿耨多羅三藐三菩
提者說諸法斷滅相莫作是念何以故發阿耨
多羅三藐三菩提者於法不說斷滅相須菩
提若菩薩以滿恒河沙等世界七寶布施若
復有人知一切法无我得成於忍此菩薩勝

BD00042　金剛般若波羅蜜經

復有人知一切法无我得成於忍此菩薩勝
前菩薩所得功德須菩提以諸菩薩不受福
德故須菩提白佛言世尊云何菩薩不受福
德須菩提菩薩所作福德不應貪著是故說
不受福德須菩提若有人言如來若來若去
若坐若卧是人不解我所說義何以故如來
者无所從來亦无所去故名如來須菩提若
善男子善女人以三千大千世界碎為微塵
於意[illegible]

BD00042v　雜寫

BD00043A 大般若波羅蜜多經卷三一

（唐）玄奘 譯

BD00043Av 勘記

20.7cm × 25.1cm

言即八解脫若寂靜若不寂靜增語
摩訶薩即八勝處九次第定十遍處若寂靜
若不寂靜增語非菩薩摩訶薩耶世尊若八
解脫寂靜不寂靜若八勝處九次第定十遍
處寂靜不寂靜尚畢竟不可得性非有故況
有八解脫寂靜不寂靜增語及八勝處九次
第定十遍處寂靜不寂靜增語此增語既非
有如何可言即八解脫若寂靜若不寂靜增
語是菩薩摩訶薩即八勝處九次第定十遍
處若寂靜若不寂靜增語是菩薩摩訶薩善
現汝復觀何義言即八解脫若遠離若不遠
離增語非菩薩摩訶薩即八勝處九次第定
十遍處若遠離若不遠離增語非菩薩摩訶

BD00043Av　勘記

BD00043B　大般若波羅蜜多經卷三四

（唐）玄奘 譯

93.5cm × 25.5cm

大士相雜染清淨若八十隨好雜染清淨尚
畢竟不可得性非有故況有三十二大士相
雜染清淨增語及八十隨好雜染清淨增語
此增語既非有如何可言即三十二大士相
若雜染若清淨增語是菩薩摩訶薩即八十
隨好若雜染若清淨增語是菩薩摩訶薩善
現汝復觀何義言即三十二大士相若屬生
死若屬涅槃增語非菩薩摩訶薩即八十隨
好若屬生死若屬涅槃增語非菩薩摩訶薩
耶世尊若三十二大士相屬生死屬涅槃若
八十隨好屬生死屬涅槃尚畢竟不可得性
非有故況有三十二大士相屬生死屬涅槃
增語及八十隨好屬生死屬涅槃增語此增
語既非有如何可言即三十二大士相若屬
生死若屬涅槃增語是菩薩摩訶薩即八十

[illegible]
薩善現汝復觀何義言即三十二大士相若
在內若在外若在兩間增語非菩薩摩訶薩
即八十隨好若在內若在外若在兩間增語
非菩薩摩訶薩耶世尊若三十二大士相在
內在外在兩間若八十隨好在內在外在兩
間尚畢竟不可得性非有故況有三十二大
士相在內在外在兩間增語及八十隨好在
內在外在兩間增語此增語既非有如何可
言即三十二大士相若在內若在外若在兩
間增語是菩薩摩訶薩即八十隨好若在內
若在外若在兩間增語是菩薩摩訶薩善現
汝復觀何義言即三十二大士相若可得若
不可得增語非菩薩摩訶薩即八十隨好若
可得若不可得增語非菩薩摩訶薩耶世尊

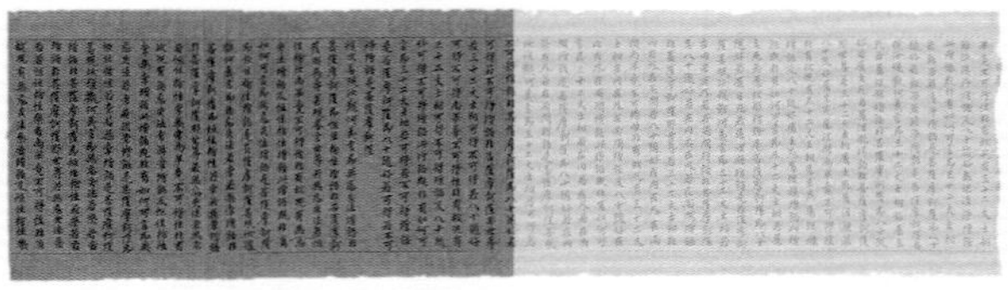

不可得增語非菩薩摩訶薩即八十隨好若
可得若不可得增語非菩薩摩訶薩耶世尊
若三十二大士相可得不可得若八十隨好
可得不可得尚畢竟不可得性非有故况有
三十二大士相可得不可得增語及八十隨
好可得不可得增語此增語既非有如何可
言即三十二大士相若可得若不可得增語
是菩薩摩訶薩即八十隨好若可得若不可
得增語是菩薩摩訶薩
復次善現汝觀何義言即無忘失法增語非
菩薩摩訶薩即恒住捨性增語非菩薩摩訶
薩耶具壽善現答言世尊若無忘失法若恒
住捨性尚畢竟不可得性非有故况有無忘
失法增語及恒住捨性增語此增語既非有
如何可言即無忘失法增語是菩薩摩訶薩

觀何義言即無忘失法若常若無常增語非
菩薩摩訶薩即恒住捨性若常若無常增語
非菩薩摩訶薩耶世尊若無忘失法常無常
若恒住捨性常無常尚畢竟不可得性非有
故况有無忘失法常無常增語及恒住捨性
常無常增語此增語既非有如何可言即無
忘失法若常若無常增語是菩薩摩訶薩即
恒住捨性若常若無常增語是菩薩摩訶薩
善現汝復觀何義言即無忘失法若樂若苦
增語非菩薩摩訶薩即恒住捨性若樂若苦
增語非菩薩摩訶薩耶世尊若無忘失法樂
苦若恒住捨性樂苦尚畢竟不可得性非有
故况有無忘失法樂苦增語及恒住捨性樂

BD00043C 大般若波羅蜜多經卷三二五

（唐）玄奘 譯

BD00043Cv 勘記

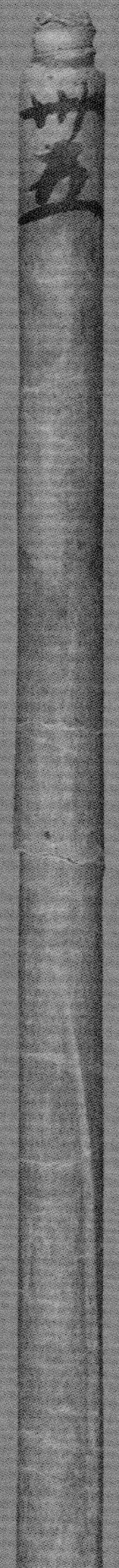

51.1cm×25.2cm

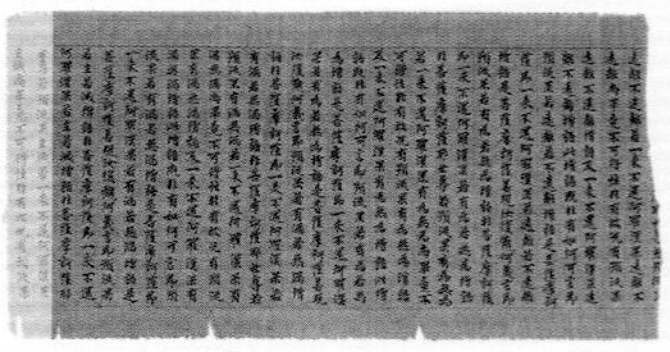

……耶世尊若預流果……
遠離不遠離若一來不還阿羅漢果遠離不
遠離尚畢竟不可得性非有故况有預流果
遠離不遠離增語及一來不還阿羅漢果遠
離不遠離增語此增語既非有如何可言即
預流果若遠離若不遠離增語是菩薩摩訶
薩即一來不還阿羅漢果若遠離若不遠離
增語是菩薩摩訶薩善現汝復觀何義言即
預流果若有為若無為增語非菩薩摩訶薩
即一來不還阿羅漢果若有為若無為增語
非菩薩摩訶薩耶世尊若預流果有為無為
若一來不還阿羅漢果有為無為尚畢竟不
可得性非有故况有預流果有為無為增語
……為無為增語此增……

為增語是菩薩摩訶薩即一来不還阿羅漢
果若有為若無為增語是菩薩摩訶薩善現
汝復觀何義言即預流果若有漏若無漏增
語非菩薩摩訶薩即一来不還阿羅漢果若
有漏若無漏增語非菩薩摩訶薩耶世尊若
預流果有漏無漏若一来不還阿羅漢果有
漏無漏尚畢竟不可得性非有故況有預流
果有漏無漏增語及一来不還阿羅漢果有
漏無漏增語此增語既非有如何可言即預
流果若有漏若無漏增語是菩薩摩訶薩即
一来不還阿羅漢果若有漏若無漏增語是
菩薩摩訶薩善現汝復觀何義言即預流果
若生若滅增語非菩薩摩訶薩即一来不還
阿羅漢果若生若滅增語非菩薩摩訶薩耶

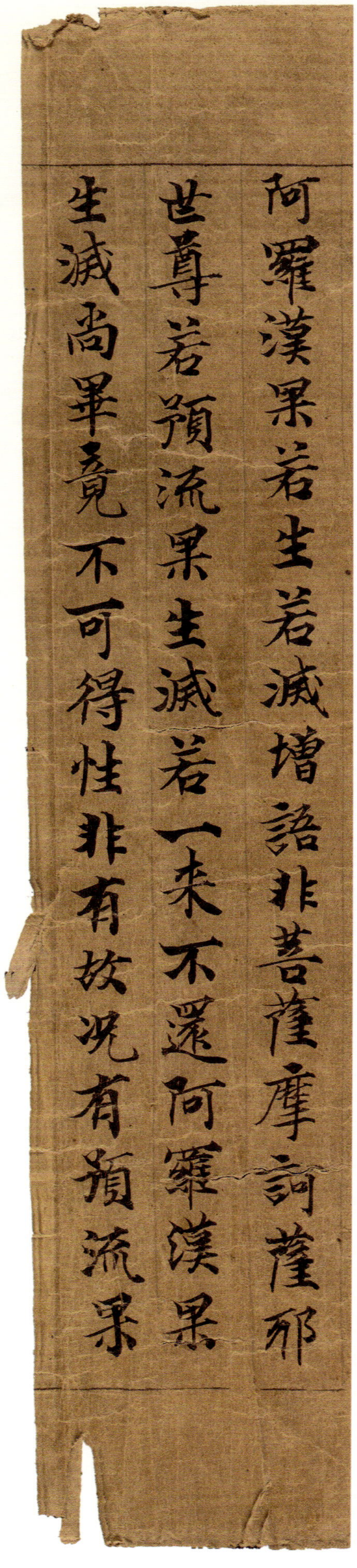
阿羅漢果若生若滅增語非菩薩摩訶薩耶
世尊若預流果生滅若一來不還阿羅漢果
生滅尚畢竟不可得性非有故況有預流果

BD00043Cv　勘記

BD00044　長者女菴提遮師子吼了義經

265cm × 27.3cm

佛說長者女菴提遮師子吼了義經
如是我聞一時佛在舍衛國祇樹給孤獨園
與无量比丘比丘尼優婆塞優婆夷菩薩摩
訶薩衆俱尒時去舍衛城西二十餘里有一
村名曰長提有一婆羅門名婆私膩迦在其
中住其人學問廣博深信內典敬承佛教時
婆羅門欲設大會至祇洹所請佛及僧佛則受
其請婆羅門還家又勑其時佛與大衆往詣
彼村至婆羅門舍尒時長者見佛歡喜踊躍

嫡與人暫來還家侍省父母其女容顏端正
其廣高遠用心柔下其懷鑿然能和夫妻侍
養親族事夫如禁其儀无比出於群類父母
眷屬皆出見佛唯有此女獨在室內其女自
以生來父母莫測其所由故名之菴提遮
尒時如來即知長者有一女在室內未出亦
知其不出所由其若出者利益无量大衆及
諸天人佛即告長者言汝之眷屬出來盡耶
其婆羅門束手長跪佛前以此女不出之狀
持之為恥嘿然未荅佛則知其意仍告之言
中時向至可設供耶時婆羅門即承佛教起
設供養大衆及其長者眷屬中食已訖唯有
此女未及得食時如來鉢中故留残食遣一化女持此餘

此女未及得食時如來鉢中故留殘食遣一化女將此餘
食与彼室內女菴提遮遣時化女人以偈告曰
此是如來餘　无上勝尊賜　我當承佛教　願仁清淨受
其女菴提遮即以偈歎曰
嗚呼大慈悲　知我在室已　今賜一味食　尋仰覩聖顏
復以偈答彼化女曰
我常念所思　大聖之所行　未曾與汝異　何事不清淨
其化女聞菴提遮說偈已即沒不現其女菴
提遮以心念誦偈言
我夫今何在　願出見勝尊　願知我淨心　速來得同聞
尒時菴提遮淨心力故其夫隨念即至其所
是女菴提遮見其夫已心生歡喜以偈歎曰
嗚呼大勝尊　今隨濟我願　不辞破小戒　恐當不同聞

時女菴提遮即隨其夫往詣佛所各自礼佛
及諸大眾恭敬而立時女菴提遮以偈歎曰
我念大慈悲　救護十方尊　欲說秘密藏　賜我淨餘食
大聖甚難會　世怈有所疑　誰可問法者　發衆菩提基
尒時舍利弗即白佛言世尊此是何女人忽
今來至此復說如是法偈言得餘食佛告舍
利弗言此是長者女復問曰從何而來何因
至此佛告舍利弗此女不從遠來只在此室
雖有父母眷屬其夫不在以自識敬順夫因
緣故不從父母輒尒出遊現於大眾尒時舍
利弗白佛言是女以何善因故生此長者家
其容若此復以何因緣故得如是士夫禁約
若此不能自由見佛及僧佛即告舍利弗　汝自
問之時舍利弗問其女曰女以何因緣生

BD00044　長者女菴提遮師子吼了義經

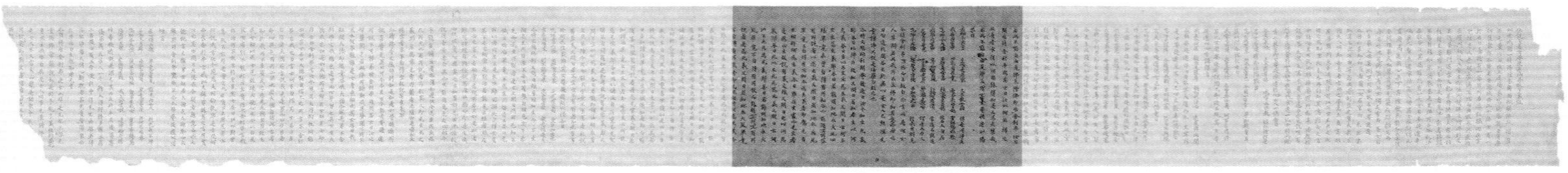

若此不能自由見佛及僧佛即告舍利弗汝自
問之時舍利弗問其女曰汝以何因緣生
此長者家復以何因緣得如是人爲夫禁戒
若此不能自由見佛及僧其女菴提遮以偈
答曰

我以不惡生　生此長者家　又不執女相　得是清淨夫
我在内室中　以爲自在竟　是亦未曾越　聖知賜我餘
嗚呼今大德　不知真實由　繫家不負越　故名大自在
我雖内室中　尊如目前現　仁稱阿羅漢　常隨不能見
大聖非是色　亦不離色身　聲聞見波旬　謂是大力人
嗚呼今大德　隨聖少方便　不知本光由　於我生倒見

尒時舍利弗嘿然而止私自念言此是何女
人其辯若此我所不及佛即知其意而告之

[illegible]

尒時文殊師利問菴提遮曰汝今知生死義

耶答曰以佛力故知又問曰若知者生以何

爲義答曰生以不生生爲生義又問曰云何不

生生爲生義耶答曰若能明知地水火風四

緣畢竟未曾自得有所和合而能隨其所宜

有所說者以爲生義又問曰若知地水火風

畢竟不自得有所和合爲生義者即應无有

生相將何爲生義答曰雖在生處而无生者

是爲正生故說有義文殊又問曰死以何爲

義耶答曰死以不死死爲死義又問曰云何

以不死死爲死義耶答曰若能明知地水火

風畢竟不自得有所散而能隨其所宜有所

說者是爲死義又問曰若知地水火風畢竟

不自得有所散者即无死相將何爲死義答

BD00044　長者女菴提遮師子吼了義經

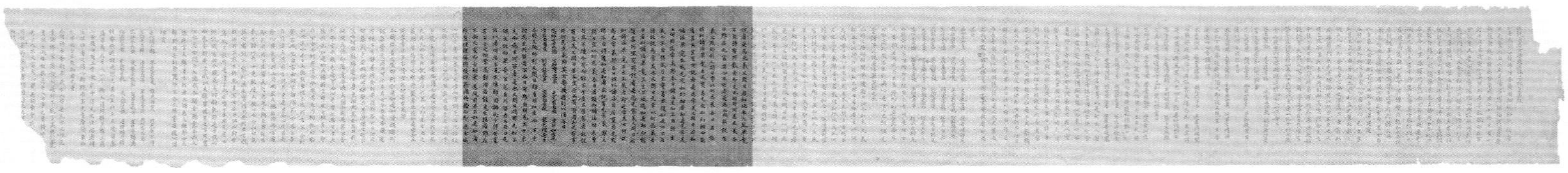

說者是為死義又問曰若知地水火風畢竟
不自得有所散者即无死相將何為死義答
曰雖在死處其心不亡者是為正死故說有
義文殊師利又問曰常以何為義答曰若能
明知諸法畢竟生滅變易无定如幻相而能
隨其所宜有所說者是為常義又問曰若知
諸法畢竟生滅无定如幻相者即是无常義
云何將為常義耶答曰諸法生而不自得生
滅而不自得滅乃至變易亦復如是以不自
得故說為常義也又問曰无常以何為義答
曰若知諸法畢竟不生不滅隨如是相而能
隨其所宜有所說者是為无常義又問曰若
知諸法畢竟不生不滅者即是常義云何說

問曰空以何爲義荅曰若能知諸法相未曾
自空不壞令有而能不空空不有有者故說
有空義又問曰若不空空不有有者即无有事
將何爲空義耶其女菴提遮則以偈荅曰
嗚呼真大德　不知實空義　色无有自相　豈非如空也
空若自有空　則不能容色　空不自空故　衆色從是生
尒時文殊師利又問曰頗有明知生而不生
相爲生所留者不荅曰有雖自明見其力未
充而爲生所留者是也又問曰頗有无知不
識生性而畢竟不爲生所留者不荅曰无
所以者何若不見生性雖因調伏少得安處
其不安之相常爲對治若能見生性者雖在
不安之處而吉相常爲現前若不如是知者
雖有種種勝辯談說甚深典籍而即是生滅

雖有種種勝辯談說甚深典籍而即是生滅
心說彼實相密要之言如盲辯色因他語故
說得青黃赤白黑而不能自見色之正相今
不能見諸法者亦復如是但令為生所生為
死所死而有所說者乃於其人即无生死之
義耶若為常无常所繫者亦復如是當知大
德空者亦不自得空故說有空義耶
尒時佛告文殊師利如是如是如菴提遮所
說真實无異日可令冷月可令熱是菴提遮
所說不可移易時舍利弗復問其女曰汝之
智慧辯才若此佛所稱歎我等聲聞之所不
及云何不能離是女身色相也其女答曰我
欲問大德即隨意答我大德今現是男不舍

非女也舍利弗言汝今現為夫所拘執何能
如此其女荅曰大德能自信己之所言不舍利
弗言我之自言云何不自信其女荅曰若
自信者大德前言說我色是男而心非男者
即心與色有所二用也若大德自信此言者
即於我所不生有夫之惡見大德自男故生
我女相以我女色故壞大德心也而以自見
彼女者則不能於法生實信也舍利弗言我
於汝所不敢生於惡見其女荅曰但以對世
尊故不敢非是實言也若實不生惡見者云
何說我言汝今現為夫所拘執耶是盡從何
而來舍利弗言我以久離習故有之言非實
心也其女問曰大德我今問者隨意荅我大
德既言久離男女相者大德色久離耶心久

德既言久離男女相者大德色久離耶心久
離耶時舍利弗嘿然不荅尒時菴提遮以偈
頌言
若心得久離　畢竟不生見　誰爲作女人　於色起不淨
若論色久離　法本不自有　畢竟不曾污　將何爲作惡
嗚呼今大德　徒學不能知　自男生我女　豈非妄想悲
悔過於大衆　於法勿生疑　我上所言說　是佛神力持
時菴提遮說是偈已其比丘比丘尼優婆塞
優婆夷天及人一千餘人得阿耨多羅三藐
三菩提心有五千衆於中得无生法忍者得
法眼淨者又得心解脫者其无量聲聞衆而
於佛法自生慚耻者无量
尒時佛告舍利弗是女人非是凡也已值无

是女人不久當成正覺是諸衆中於

所説法要即能生實信者皆已久

所説

BD00045　金剛般若波羅蜜經

（後秦）鳩摩羅什　譯

483.6cm×26.5cm

菩薩不住相布施其福德不可思量須菩提
於意云何東方虛空可思量不不也世尊須
菩提南西北方四維上下虛空可思量不不
也世尊須菩提菩薩无住相布施福德亦復
如是不可思量須菩提菩薩但應如所教住
須菩提於意云何可以身相見如來不不也
世尊不可以身相得見如來何以故如來所
說身相即非身相佛告須菩提凡所有相
皆虛妄若見諸相非相則見如來
須菩提白佛言世尊頗有衆生得聞如是言
說章句生實信不佛告須菩提莫作是說如
來滅後後五百歲有持戒脩福者於此章句
能生信心以此爲實當知是人不於一佛二

種諸善根聞是章句乃至一念生淨信者須
菩提如來悉知悉見諸衆生得如是无量
福德何以故是諸衆生无復我相人相衆生
相壽者相无法相亦无非法相何以故是諸
衆生若心取相則爲著我人衆生壽者若
取法相即著我人衆生壽者何以故若取非法
相即著我人衆生壽者是故不應取法不應
取非法以是義故如來常說汝等比丘知我
說法如筏喻者法尚應捨何況非法
須菩提於意云何如來得阿耨多羅三藐三
菩提耶如來有所說法耶須菩提言如我解
佛所說義无有定法名阿耨多羅三藐三菩
提亦无有定法如來可說何以故如來所說
法皆不可取不可說非法非非法所以者何
一切賢聖皆以无爲法而有差別

一切賢聖皆以无爲法而有差別
須菩提於意云何若人滿三千大千世界七
寶以用布施是所得福德寧爲多不須菩
提言甚多世尊何以故是福德即非福德性
是故如來說福德多若復有人於此經中受
持乃至四句偈等爲他人說其福勝彼何以
故須菩提一切諸佛及諸佛阿耨多羅三藐
三菩提法皆從此經出須菩提所謂佛法者
即非佛法
須菩提於意云何須陁洹能作是念我得須
陁洹果不須菩提言不也世尊何以故須陁
洹名爲入流而无所入不入色聲香味觸法
是名須陁洹須菩提於意云何斯陁含能作

[illegible]
斯陁含須菩提於意云何阿那含能作是念
我得阿那含果不須菩提言不世世尊何以
故阿那含名為不來而實无來是故名阿那
含須菩提於意云何阿羅漢能作是念我得
阿羅漢道不須菩提言不世世尊何以故實
无有法名阿羅漢世尊若阿羅漢作是念
我得阿羅漢道即為著我人衆生壽者世尊
佛說我得无諍三昧人中最為第一是第一離
欲阿羅漢我不作是念我是離欲阿羅漢世
尊我若作是念我得阿羅漢道世尊則不說
須菩提是樂阿蘭那行者以須菩提實无所
行而名須菩提是樂阿蘭那行
佛告須菩提於意云何如來昔在然燈佛所
於法有所得不世尊如來在然燈佛所於法

佛告須菩提於意云何如來昔在然燈佛所
於法有所得不世尊如來在然燈佛所於法
實无所得
須菩提於意云何菩薩莊嚴佛土不不世世
尊何以故莊嚴佛土者則非莊嚴是名莊嚴
是故須菩提諸菩薩摩訶薩應如是生清淨
心不應住色生心不應住聲香味觸法生心
應无所住而生其心須菩提譬如有人身如
須彌山王於意云何是身為大不須菩提言
甚大世尊何以故佛說非身是名大身
須菩提如恒河中所有沙數如是沙等恒河
於意云何是諸恒河沙寧為多不須菩提言
甚多世尊但諸恒河尚多无數何況其沙須
菩提我今實言告汝若有善男子善女人以

菩提若善男子善女人於此經中乃至受持
四句偈等為他人說而此福德勝前福德
復次須菩提隨說是經乃至四句偈等當知
此處一切世間天人阿脩羅皆應供養如佛
塔廟何況有人盡能受持讀誦須菩提當知
是人成就最上第一希有之法若是經典所
在之處則為有佛若尊重弟子
尒時須菩提白佛言世尊當何名此經我等
云何奉持佛告須菩提是經名為金剛般若
波羅蜜以是名字汝當奉持所以者何須菩
提佛說般若波羅蜜則非般若波羅蜜須菩
提於意云何如來有所說法不須菩提白佛
言世尊如來无所說須菩提於意云何三千

BD00045　金剛般若波羅蜜經

言世尊如來无所說須菩提於意云何三千
大千世界所有微塵是爲多不須菩提言甚
多世尊須菩提諸微塵如來說非微塵是
名微塵如來說世界非世界是名世界須菩提
於意云何可以三十二相見如來不不也世
尊不可以三十二相得見如來何以故如來
說三十二相即是非相是名三十二相
須菩提若有善男子善女人以恒河沙等身
命布施若復有人於此經中乃至受持四句
偈等爲他人說其福甚多
尒時須菩提聞說是經深解義趣涕淚悲泣而
白佛言希有世尊佛說如是甚深經典我
從昔來所得慧眼未曾得聞如是之經世尊

知是人成就第一希有功德世尊是實相者
則是非相是故如來說名實相世尊我今得
聞如是經典信解受持不足為難若當來世
後五百歲其有衆生得聞是經信解受持
是人則為第一希有何以故此人无我相人相衆
生相壽者相所以者何我相即是非相人
相衆生相壽者相即是非相何以故離一切
諸相則名諸佛
佛告須菩提如是如是若復有人得聞是
經不驚不怖不畏當知是人甚為希有何以故
須菩提如來說第一波羅蜜非第一波羅蜜
是名第一波羅蜜
須菩提忍辱波羅蜜如來說非忍辱波羅
蜜何以故須菩提如我昔為歌利王割截身體

BD00045　金剛般若波羅蜜經

蜜何以故須菩提如我昔為歌利王割截身體
我於尒時无我相无人相无衆生相无壽者相
何以故我於往昔節節支解時若有我相
人相衆生相壽者相應生瞋恨須菩提又念
過去於五百世作忍辱仙人於尒所世无我相
无人相无衆生相无壽者相是故須菩提
菩薩應離一切相發阿耨多羅三藐三菩提
心不應住色生心不應住聲香味觸法生心
應生无所住心若心有住則為非住是故佛
說菩薩心不應住色布施須菩提菩薩為利
益一切衆生應如是布施如来說一切諸相
即是非相又說一切衆生則非衆生
須菩提如来是真語者實語者如語者不誑
語者不異語者須菩提如来所得法此

須菩提若菩薩心住於法而行布施如人入闇
則无所見若菩薩心不住法而行布施如人
有目日光明照見種種色
須菩提當来之世若善男子善女人能於此
經受持讀誦則為如来以佛智慧悉知是人
悉見是人皆得成就无量无邊功德
須菩提若有善男子善女人初日分以恒河
沙等身布施中日分復以恒河沙等身布
施後日分亦以恒河沙等身布施如是无量百
千万億劫以身布施若復有人聞此經典信
心不逆其福勝彼何況書寫受持讀誦為人
解說
須菩提以要言之是經有不可思議不可稱
量无邊功德如来為發大乘者說為發最上

BD00045　金剛般若波羅蜜經

須菩提以要言之是經有不可思議不可稱
量无邊功德如來為發大乘者說為發最上
乘者說若有人能受持讀誦廣為人說如來
悉知是人悉見是人皆得成就不可量不可
稱无有邊不可思議功德如是人等則為荷
擔如來阿耨多羅三藐三菩提何以故須菩
提若樂小法者著我見人見衆生見壽者
見則於此經不能聽受讀誦為人解說須菩
提在在處處若有此經一切世間天人阿脩羅
所應供養當知此處則為是塔皆應恭敬
作礼圍遶以諸華香而散其處
復次須菩提善男子善女人受持讀誦此經若
為人輕賤是人先世罪業應墮惡道以今世
人輕賤故先世罪業則為消滅當得阿耨多

祇劫於然燈佛前得值八百四千万億那
他諸佛悉皆供養承事无空過者若復有
人於後末世能受持讀誦此經所得功德於
我所供養諸佛功德百分不及一千万億分
乃至筭數譬喻所不能及須菩提若善男子
善女人於後末世有受持讀誦此經所得功
德我若具說者或有人聞心則狂亂狐疑不
信須菩提當知是經義不可思議果報亦不
可思議
尒時須菩提白佛言世尊善男子善女人發
阿耨多羅三藐三菩提心云何應住云何降
伏其心佛告須菩提善男子善女人發阿耨
多羅三藐三菩提者當生如是心我應滅度
一切衆生滅度一切衆生已而无有一衆生實

一切衆生滅度一切衆生已而无有一衆生實
滅度者何以故若菩薩有我相人相衆生相
壽者相則非菩薩所以者何須菩提實无
有法發阿耨多羅三藐三菩提者
須菩提於意云何如來於然燈佛所有法得
阿耨多羅三藐三菩提不不世世尊如我解
佛所說義佛於然燈佛所无有法得阿耨
多羅三藐三菩提佛言如是如是須菩提實
无有法如來得阿耨多羅三藐三菩提須菩提
若有法如來得阿耨多羅三藐三菩提然燈
佛則不與我受記汝於來世當得作佛号釋
迦牟尼以實无有法得阿耨多羅三藐三菩
提是故然燈佛與我受記作是言汝於來世

菩提須菩提實无有法佛得阿耨多羅三藐
三菩提須菩提如來所得阿耨多羅三藐三
菩提於是中无實无虛是故如來説一切法
皆是佛法須菩提所言一切法者即非一切
法是故名一切法
須菩提譬如人身長大須菩提言世尊如來
説人身長大則爲非大身是名大身
須菩提菩薩亦如是若作是言我當滅度
无量衆生則不名菩薩何以故須菩提實无
有法名爲菩薩是故佛説一切法无我无人无
衆生无壽者須菩提若菩薩作是言我當
莊嚴佛土是不名菩薩何以故如來説莊嚴佛
土者即非莊嚴是名莊嚴須菩提若菩薩

BD00045　金剛般若波羅蜜經

莊嚴佛土是不名菩薩何以故如來說莊嚴佛
土者即非莊嚴是名莊嚴須菩提若菩薩
通達无我法者如來說名真是菩薩
須菩提於意云何如來有肉眼不如是世尊
如來有肉眼須菩提於意云何如來有天
眼不如是世尊如來有天眼須菩提於意云何
如來有慧眼不如是世尊如來有慧眼須
菩提於意云何如來有法眼不如是世尊如來
有法眼須菩提於意云何如來有佛眼不如
是世尊如來有佛眼須菩提於意云何恒河
中所有沙佛說是沙不如是世尊如來說
是沙須菩提於意云何如一恒河中所有沙
有如是等恒河是諸恒河所有沙數佛世界
如是寧為多不甚多世尊佛告須菩提尒所國

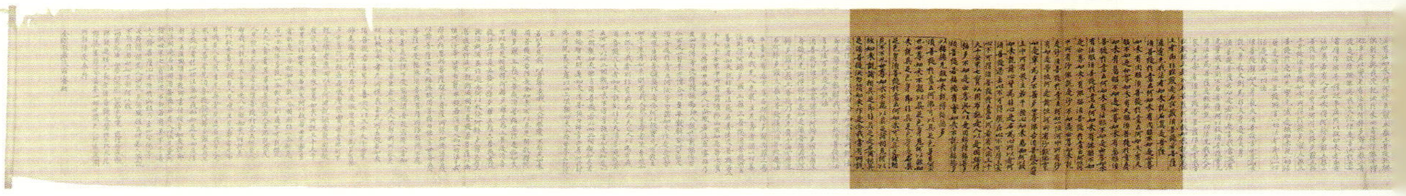

須菩提過去心不可得現在心不可得未來
心不可得須菩提於意云何若有人滿三千
大千世界七寶以用布施是人以是因緣得
福多不如是世尊此人以是因緣得福甚多
須菩提若福德有實如來不說得福德多
以福德无故如來說得福德多
須菩提於意云何佛可以具足色身見不不
世世尊如來不應以具足色身見何以故如
來說具足色身即非具足色身是名具
足色身須菩提於意云何如來可以具足諸相
見不不也世尊如來不應以具足諸相見何以
故如來說諸相具足即非具足是名諸相具
足須菩提汝勿謂如來作是念我當有所說

是須菩提汝勿謂如來作是念我當有所説
法莫作是念何以故若人言如來有所説法
即爲謗佛不能解我所説故須菩提説法
者无法可説是名説法
須菩提白佛言世尊佛得阿耨多羅三藐三
菩提爲无所得耶如是如是須菩提我於阿
耨多羅三藐三菩提乃至无有少法可得是
名阿耨多羅三藐三菩提復次須菩提是法
平等无有高下是名阿耨多羅三藐三菩
提以无我无人无衆生无壽者脩一切善
法則得阿耨多羅三藐三菩提須菩提所言
善法者如來説非善法是名善法須菩提若三
千大千世界中所有諸須弥山王如是等七寶

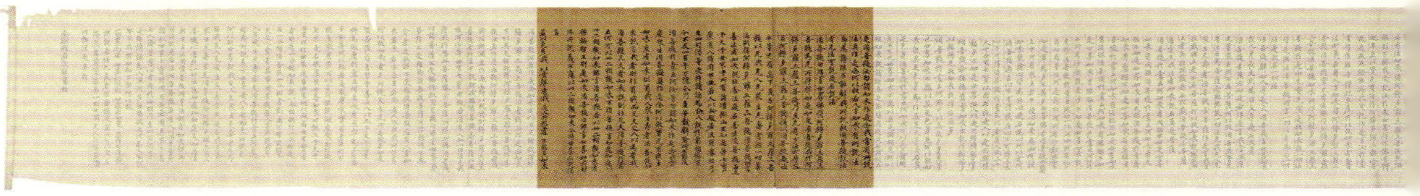

四句偈等受持讀誦為他人說於前福德百
分不及一百千万億分乃至筭數譬喻所不能及
須菩提於意云何汝等勿謂如來作是念我當
度衆生須菩提莫作是念何以故實无有衆生
如來度者如來則有我人衆生壽者須菩提如
來說有我者則非有我而凡夫之人以為有我
須菩提凡夫者如來說則非凡夫須菩提於意
云何可以卅二相觀如來不須菩提言如是如是以
卅二相觀如來佛言須菩提若以卅二相觀如來者
轉輪聖王則是如來須菩提白佛言世尊如我解
佛所說義不應以卅二相觀如來尒時世尊而說偈
言
若以色見我　以音聲求我　是人行邪道　不能見如來

BD00045　金剛般若波羅蜜經

若以色見我　以音聲求我　是人行邪道　不能見如来
須菩提汝若作是念如来不以具足相故得阿
耨多羅三藐三菩提須菩提莫作是念如来
不以具足相故得阿耨多羅三藐三菩提須菩
提汝若作是念發阿耨多羅三藐三菩提者説
諸法斷滅莫作是念何以故發阿耨多羅三藐三
菩提者於法不説斷滅相須菩提若菩薩以滿
恒河沙等世界七寶布施若復有人知一切法无我
得成於忍此菩薩勝前菩薩所得功德須菩提
以諸菩薩不受福德故須菩提白佛言世尊云何
菩薩不受福德須菩提菩薩所作福德不應
貪著是故説不受福德須菩提若有人言如

須菩提若善男子善女人以三千大千世界
碎為微塵於意云何是微塵衆寧為多不甚
多世尊何以故若是微塵衆實有者佛則不
說是微塵衆所以者何佛說微塵衆則非微
塵衆是名微塵衆世尊如來所說三千大千
世界則非世界是名世界何以故若世界實有
者則是一合相如來說一合相則非一合相是
名一合相須菩提一合相者則是不可說但凡
夫之人貪著其事須菩提若人言佛說我見
人見衆生見壽者見須菩提於意云何是人
解我所說義不世尊是人不解如來所說義
何以故世尊說我見人見衆生見壽者見即

BD00045　金剛般若波羅蜜經

何以故世尊說我見人見衆生見壽者見即
非我見人見衆生見壽者見是名我見人見
衆生見壽者見須菩提發阿耨多羅三藐三
菩提心者於一切法應如是知如是見如是信
解不生法相須菩提所言法相者如來說即
非法相是名法相須菩提若有人以滿无量阿
僧祇世界七寶持用布施若有善男子善
女人發菩薩心者持於此經乃至四句偈等
受持讀誦為人演說其福勝彼云何為人演說
不取於相如如不動何以故
一切有為法　如夢幻泡影　如露亦如電　應作如是觀
佛說是經已長老須菩提及諸比丘比丘尼
優婆塞優婆夷一切世間天人阿脩羅聞
所說信受奉行

BD00045　金剛般若波羅蜜經

BD00046

妙法蓮華經卷四

（後秦）鳩摩羅什 譯

99.8cm × 29.6cm

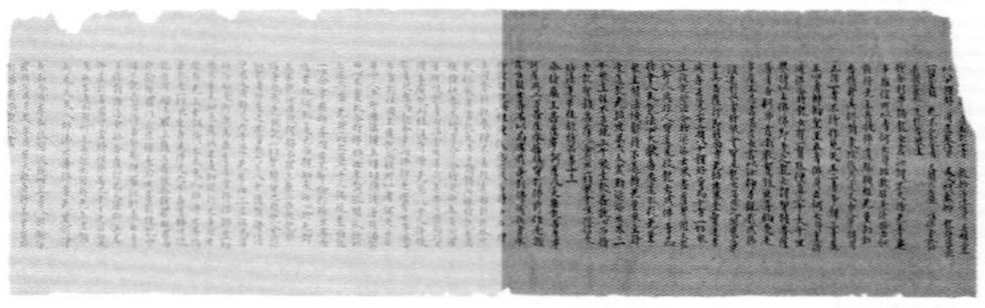

罪福相 遍照於十方 微妙淨法身 具相三十二
以八十種好 用莊嚴法身 天人所戴仰 龍神咸恭敬
一切衆生類 无不宗奉者 又聞成菩提 唯佛當證知
我闡大乘教 度脫苦衆生
時舍利弗語龍女言汝謂不久得无上道是
事難信所以者何女身垢穢非是法器云何
能得无上菩提佛道懸曠經无量劫勤
苦積行具修諸度然後乃成又女人身猶有
五障一者不得作梵天王二者帝釋三者魔
王四者轉輪聖王五者佛身云何女身速得
成佛尒時龍女有一寶珠價直三千大千世
界持以上佛佛即受之龍女謂智積菩薩
尊者舍利弗言我獻寶珠世尊納受是

子具菩薩行即往南方无垢世界坐寶蓮華
成等正覺三十二相八十種好普為十方一切衆
生演說妙法尒時娑婆世界菩薩聲聞天龍
八部人與非人皆遙見彼龍女成佛普為
時會人天說法心大歡喜悉遙敬礼无量
衆生聞法解悟得不退轉无量衆生得
受道記无垢世界六反震動娑婆世界三
千衆生住不退地三千衆生發菩提心而得
受記智積菩薩及舍利弗一切衆會嘿然信受

妙法蓮華經勸持品第十三

尒時藥王菩薩摩訶薩及大樂說菩薩摩
訶薩與二万菩薩眷屬俱皆於佛前作是誓
言唯願世尊不以為慮我等於佛滅後當奉
持讀誦說此經典後惡世衆生善根轉

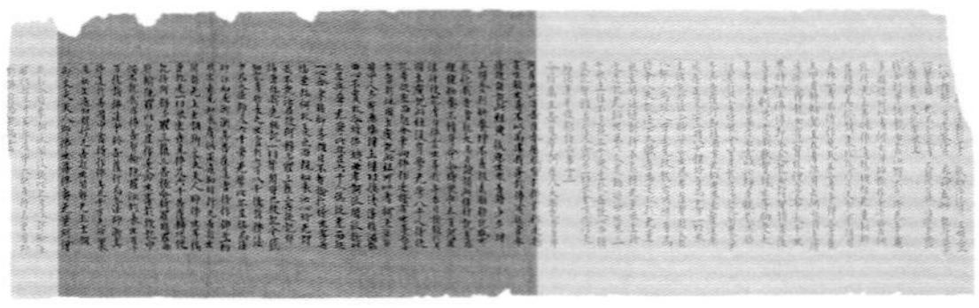

訶薩與二万菩薩眷屬俱皆於佛前作是誓
言唯願世尊不以為慮我等於佛滅後當奉
持讀誦說此經典後惡世衆善轉少多增
上慢貪利供養增不善根遠離解脫雖難可
教化我等當起大忍力讀誦此經持說書寫
種種供養不惜身命尒時衆中五百阿羅
漢得授記者白佛言世尊我等亦自誓願於異
國土廣說此經復有學无學八千人得授
記者從座而起合掌向佛作是誓言世尊我等
亦當於他國土廣說此經所以者何是娑婆
國中人多弊惡懷增上慢功德淺薄瞋濁諂
曲心不實故尒時佛姨母摩訶波闍波提比
丘尼與學无學比丘尼六千人俱從座而起
一心合掌瞻仰尊顏目不暫捨於時世尊告

[illegible]
憍曇弥我先惣說一切聲聞皆已授記今汝欲
知記者將來之世當於六万八千億諸佛法
中為大法師及六千學无學比丘尼俱為法
師汝如是漸漸具菩薩道當得作佛號一切
衆生喜見如來應供正遍知明行足善逝世
間解无上士調御丈夫天人師佛世尊憍
曇弥是一切衆生喜見佛及六千菩薩轉次授
記得阿耨多羅三藐三菩提尒時羅睺羅母
耶輸陁羅比丘尼作是念世尊於授記中
獨不說我名佛告耶輸陁羅汝於來世百千
万億諸佛法中修菩薩行為大法師漸具
佛道於善國中當得作佛號具足千万光相如來
應供正遍知明行足善逝世間解无上士調
御丈夫天人師佛世尊佛壽无量阿僧

御丈夫天人師佛世尊佛壽无量阿僧
祇劫尒時摩訶波闍波提比丘尼及耶輸陁
羅比丘尼并其眷屬皆大歡喜得未曾有即
於佛前而說偈言

BD00047　佛名經（十六卷本）卷三

235.4cm × 25.8cm

南无雲世界名奮迅如来彼如来受名自
在觀菩薩阿耨多羅三藐三菩提
南无花因覆世界名一切發衆生信發心如
来彼如来授名勝惠菩薩阿耨多羅三藐
三菩提
南无星宿行世界名樂星宿走如来彼如
来授名无憂菩薩阿耨多羅三藐三菩
提
南无寶花世界名勝衆如来彼如来受名妙
勝菩薩阿耨多羅三藐三菩提
南无无量至世界名无量花如来彼如来
受名香爲菩薩阿耨多羅三藐三菩提
南无花世界名寶勝如来彼如来受名

南无種種幢世界名月功德如来彼如来
受名斷一切諸難菩薩阿耨多羅三藐三菩
提
南无可樂世界名即發心轉法輪如来彼如
来受名不退轉輪菩薩阿耨多羅三藐
三菩提
南无无畏世界名十方稱名如来彼如来
授名智稱菩薩阿耨多羅三藐三菩提
南无自在世界迦陵伽佛
南无安樂世界日輪發明佛
南无无畏世界寶勝佛
南无智成就世界智起佛
南无純樂世界功德王住佛
南无盡行花世界无量身眼佛

南无紹集世界功德王佛
南无盖行花世界无障导眼佛
南无金剛輪世界无畏佛
南无發起世界智積佛
南无善清淨世界无觀相發行佛
南无普光明世界光明輪威德王勝佛
南无高幢世界慧佛
南无得世界那羅延佛
南无垢世界无垢幢佛
南无遠離一切憂障世界安隱佛
南无賢上世界遠離諸煩惱佛
南无一切安樂清淨慧佛
南无无量功德具足世界善思惟發佛
南无平等世界降伏諸惡佛

南无天光明世界明[illegible]王佛
南无常光明世界无量光明雲香弥留佛
南无常莊嚴世界降伏男女佛
南无沉水香世界種種花佛
南无香蓋世界无邊智佛
南无旃檀香世界寶上王佛
南无香世界弥留佛
南无普喜世界知見一切衆生信佛
南无不可量世界无邊聲佛
南无佛花莊嚴世界智功德勝佛
南无善住世界不動步佛
南无花世界无障导吼聲佛
南无月世界普寶藏佛
南无堅住世界迦葉佛
南无[illegible][illegible]須彌世界觀一切覺界覺佛

BD00047　佛名經（十六卷本）卷三

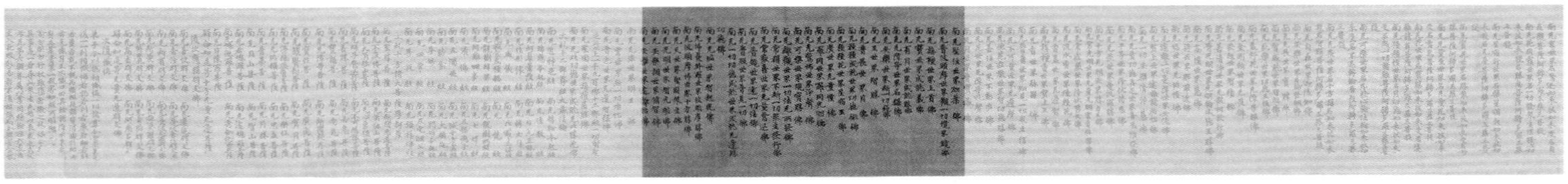

南无堅住世界迦葉佛
南无普波頭摩世界觀一切境界鏡佛
南无旃檀世界上首佛
南无寶世界成就義佛
南无有月世界成就勝佛
南无无障㝵世界名稱佛
南无安樂世界斷一切疑佛
南无王世界智勝佛
南无普畏世界月佛
南无種種成就世界功德徽佛
南无種種花世界星宿王佛
南无廣世界无量幢佛
南无羅網世界羅網光明佛

南无可樂世界現寶月佛
南无離觀世界一切法无所發佛
南无常稱世界不斷一切衆生發行佛
南无常歡喜世界无量奮迅佛
南无普鏡世界達一切法佛
南无普照世界普見一切佛
南无一切功德成就世界成就无邊勝
功德佛
南无无垢世界智起光佛
南无怖憂鉢羅世界波頭摩勝佛
南无波頭摩怖世界十方勝佛
南无天世界堅固衆生佛
南无光明世界智光明佛
南无安樂調世界脩智佛
南无安樂世界遠離台佛

南无安樂調世界脩智佛
南无安樂世界遠離胎佛
南无无染世界明王佛
南无雲世界斷一切煩惱佛
南无普色世界无邊智稱佛
從此以上一千九百佛十二部經一切賢聖
南无堅固世界旃檀屋勝佛
南无无比功德世界成就无比勝花佛
次礼十二部尊經大藏法輪
南无道神足經　南无轉輪本起經
南无瑞應本起經　南无法歎經
南无阿鼻曇薩經　南无日光三昧經
南无佐形像經　南无轉女身經

南无[illegible]經　南无[illegible]經

南无龍樹因果經　南无龍樹所問經

南无阿難四事經　南无七婦經

南无灌佛經　南无五福德子經

南无五濁世經　南无滅十方冥經

南无時食經　南无大頭陁經

南无孚妙經　南无門妙分趣經

南无四常經　南无尼宅迴芝經

南无菩提經　南无稱揚佛經

次礼十方諸大菩薩摩訶薩

南无堅勝菩薩　南无斷諸惡道菩薩

南无不疲倦菩薩　南无須弥山菩薩

南无大須弥山菩薩　南无心勇猛菩薩

南无師子奮迅行菩薩　南无不可思議菩薩

南无善勝菩薩　南无善意菩薩

南无善勝菩薩　南无善意菩薩
南无寶語菩薩　南无愛見菩薩
南无无障导菩薩　南无斷諸疑菩薩
南无寶作菩薩　南无廣德菩薩
南无護賢劫菩薩　南无寶月菩薩
南无湯陁婆香菩薩　南无樂作菩薩
南无无垢稱菩薩　南无思益菩薩
南无普華菩薩　南无月勝菩薩
南无月山菩薩　南无智山菩薩
南无若鳩羅菩薩　南无遠鳩羅菩薩
南无鳩陁羅菩薩　南无秀伽伽羅菩薩
南无日陳羅菩薩
歸命如是等十方无量无邊菩薩
[illegible]

南无善[illegible]辟支佛　南无邊[illegible]辟支佛
南无吉沙辟支佛　南无憂波書訖辟支佛
南无斷有辟支佛　南无憂波娑羅辟支佛
南无斷愛辟支佛　南无施婆羅辟支佛
南无轉覺見辟支佛　南无吉垢辟支佛
南无高去辟支佛　南无阿悉多辟支
歸命如是等无量无邊辟支佛
次復懺悔
弟子今以揔相懺悔一切諸業今當次第更
復一一別相懺悔若揔若別若麁若細若輕
若重若說不說品類相從願皆消滅別相懺
者先懺身三次懺口四其餘諸障次第懺[illegible]
身三業者第一殺害如經所明恕己可
喻勿煞勿行杖雖復禽獸之殊保命畏
其事是一若尋此衆生无始以來或是我父

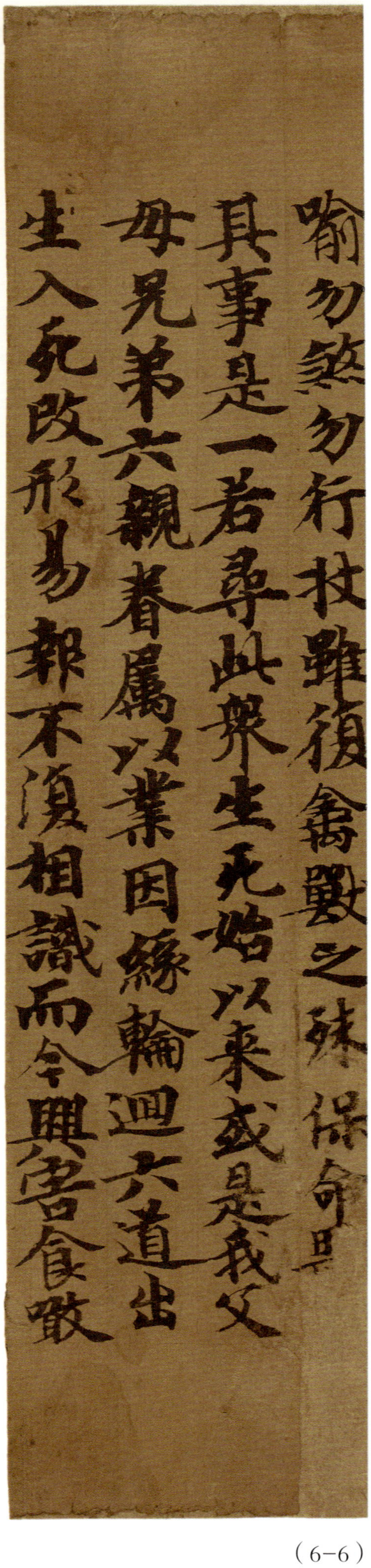

喻勿煞勿行杖雖復禽獸之殊保命畏
其事是一若尋此衆生无始以來或是我父
母兄弟六親眷屬以業因緣輪迴六道出
生入死改形易報不須相識而今興害食噉

BD00048

妙法蓮華經卷一

（後秦）鳩摩羅什 譯

156.6cm×25.1cm

薄德少福人 衆苦所逼迫 入邪見稠林 若有若无等
依止此諸見 具足六十二 深著虚妄法 堅受不可捨
我慢自矜高 諂曲心不實 於千万億劫 不聞佛名字
亦不聞正法 如是人難度 是故舍利弗 我爲設方便
説諸盡苦道 示之以涅槃 我雖説涅槃 是亦非真滅
諸法從本来 常自寂滅相 佛子行道已 来世得作佛
我有方便力 開示三乘法 一切諸世尊 皆説一乘道
今此諸大衆 皆應除疑惑 諸佛語无異 唯一无二乘
過去无數劫 无量滅度佛 百千万億衆 其數不可量
如是諸世尊 種種縁譬喻 无數方便力 演説諸法相
是諸世尊等 皆説一乘法 化无量衆生 令入於佛道
又諸大聖主 知一切世間 天人群生類 深心之所欲
更以異方便 助顯第一義 若有衆生類 值諸過去佛

如是諸人等 皆已成佛道 諸佛滅度已 若人善軟心
如是諸衆生 皆已成佛道 諸佛滅度已 供養舍利者
起万億種塔 金銀及頗梨 車璖與馬瑙 玫瑰瑠璃珠
清淨廣嚴飾 莊校於諸塔 或有起石廟 栴檀及沉水
木櫁并餘材 塼瓦泥土等 若於曠野中 積土成佛廟
乃至童子戲 聚沙為佛塔 如是諸人等 皆已成佛道
若人為佛故 建立諸形像 刻雕成衆相 皆已成佛道
或以七寶成 鍮石赤白銅 白鑞及鉛錫 鐵木及與泥
或以膠漆布 嚴飾作佛像 如是諸人等 皆已成佛道
綵畫作佛像 百福莊嚴相 自作若使人 皆已成佛道
乃至童子戲 若草木及筆 或以指爪甲 而畫作佛像
如是諸人等 漸漸積功德 具足大悲心 皆已成佛道
但化諸菩薩 度脫无量衆 若人於塔廟 寶像及畫像

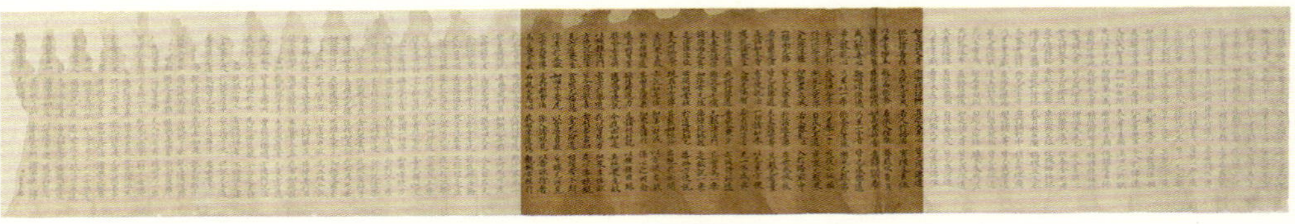

如是諸人等　漸漸積功德　具足大悲心　皆已成佛道
但化諸菩薩　度脱无量衆　若人於塔廟　寶像及畫像
以華香幡蓋　敬心而供養　若使人作樂　擊鼓吹角貝
簫笛琴箜篌　琵琶鐃銅鈸　如是衆妙音　盡持以供養
或以歡喜心　歌唄頌佛德　乃至一小音　皆已成佛道
若人散亂心　乃至以一華　供養於畫像　漸見无數佛
或有人礼拜　或復但合掌　乃至舉一手　或復小低頭
以此供養像　漸見无量佛　自成无上道　廣度无數衆
入无餘涅槃　如薪盡火滅　若人散亂心　入於塔廟中
一稱南无佛　皆已成佛道　於諸過去佛　在世或滅後
若有聞是法　皆已成佛道　未來諸世尊　其數无有量
是諸如來等　亦方便説法　一切諸如來　以无量方便
度脱諸衆生　入佛无漏智　若有聞法者　无一不成佛
諸佛本誓願　我所行佛道　普欲令衆生　亦同得此道

諸佛兩足尊　知法常无性　佛種從緣起　是故說一乘
是法住法位　世間相常住　於道場知已　導師方便說
天人所供養　現在十方佛　其數如恒沙　出現於世間
安隱衆生故　亦說如是法　知第一寂滅　以方便力故
雖示種種道　其實為佛乘　知衆生諸行　深心之所念
過去所習業　欲性精進力　及諸根利鈍　以種種因緣
譬喻亦言辭　隨應方便說　今我亦如是　安隱衆生故
以種種法門　宣示於佛道　我以智慧力　知衆生性欲
方便說諸法　皆令得歡喜　舍利弗當知　我以佛眼觀
見六道衆生　貧窮无福慧　入生死險道　相續苦不斷
深著於五欲　如犛牛愛尾　以貪愛自蔽　盲瞑无所見
不求大勢佛　及與斷苦法　深入諸邪見　以苦欲捨苦
為是衆生故　而起大悲心　我始坐道場　觀樹亦經行

為是衆生故　而起大悲心　我始坐道場　觀樹亦經行
於三七日中　思惟如是事　我所得智慧　微妙最第一
衆生諸根鈍　著樂癡所盲　如斯之等類　云何而可度
尒時諸梵王　及諸天帝釋　護世四天王　及大自在天
并餘諸天衆　眷屬百千万　恭敬合掌礼　請我轉法輪
我即自思惟　若但讚佛乘　衆生没在苦　不能信是法
破法不信故　墜於三惡道　我寧不說法　疾入於涅槃
尋念過去佛　所行方便力　我今所得道　亦應說三乘
作是思惟時　十方佛皆現　梵音慰喻我　善哉釋迦文
第一之導師　得是无上法　隨諸一切佛　而用方便力
我等亦皆得　最妙第一法　為諸衆生類　分別說三乘
少智樂小法　不自信作佛　是故以方便　分別說諸果
復說三乘　但為教菩薩　舍利弗當知　我聞聖師子

如諸佛所說　我亦隨順行　思惟是事已　即趣波羅奈
諸法寂滅相　不可以言宣　以方便力故　為五比丘說
是名轉法輪　便有涅槃音　及以阿羅漢　法僧差別名
從久遠劫來　讚示涅槃法　生死苦永盡　我常如是說
舍利弗當知　我見佛子等　志求佛道者　无量千万億
咸以恭敬心　皆來至佛所　曾從諸佛聞　方便所說法
我即作是念　如來所以出　為說佛慧故　今正是其時
舍利弗當知　鈍根小智人　著相憍慢者　不能信是法
今我喜无畏　於諸菩薩中　正直捨方便　但說无上道
菩薩聞是法　疑網皆已除　千二百羅漢　悉亦當作佛
如三世諸佛　說法之儀式　我今亦如是　說无分別法
諸佛興出世　懸遠值遇難　正使出于世　說是法復難
无量无數劫　聞是法亦難　能聽是法者　斯人亦復難
譬如優曇華　一切皆愛樂　天人所希有　時時乃一出
聞法歡喜讚　乃至發一言　則為已供養　一切三世佛

如優曇華　一切皆愛樂　天人所希有　時時乃一出
聞法歡喜讚　乃至發一言　則為已供養　一切三世佛
有　過於優曇華　汝等勿有疑　我為諸法王
普告諸大衆　但以一乘道　教化諸菩薩　无聲聞弟子
舍利弗　聲聞及菩薩　當知是妙法　諸佛之秘要
濁惡世　但樂著諸欲　如是等衆生　終不求佛道
當來世惡人　聞佛說一乘　迷惑不信受　破法墮惡道
淨　志求佛道者　當為如是等　廣讚一乘道
舍利弗當知　諸佛法如是　以万億方便　隨宜而說法
者　不能曉了此　汝等既已知　諸佛世之師
隨宜方便事　无復諸疑
當作佛

BD000049 金剛般若波羅蜜經

（後秦）鳩摩羅什 譯

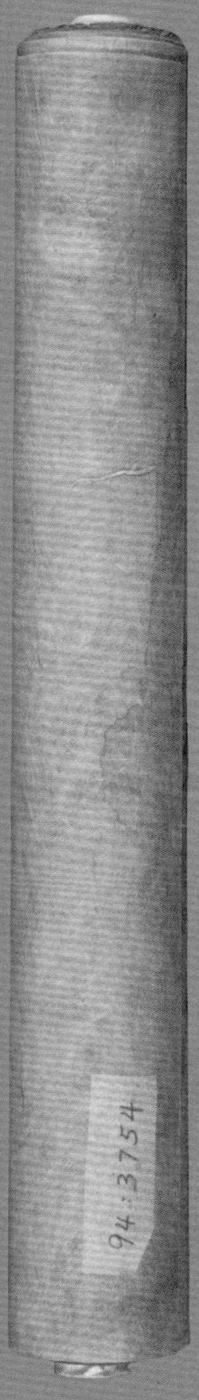

490.8cm×26cm

來
提白佛……得聞如是言
章句生實信不佛告須……莫作是說如
來滅後後五百歲有持戒……者於此章句
能生信心以此爲實當知是人不於一佛二
佛三四五佛而種善根已於无量千万佛所
種諸善根聞是章句乃至一念生淨信者
須菩提如來悉知悉見是諸衆生得如是无
量福德何以故是諸衆生无復我人相衆生
相壽者相无法相亦无非法相何以故是諸
衆生若心取相則爲著我人衆生壽者若取
法相即著我人衆生壽者何以故若取非法
相即著我人衆生壽者是故不應取法不……

取非法以是義故如来常說汝等比丘知
我說法如筏喻者法尚應捨何况非法
須菩提於意云何如来得阿耨多羅三藐三
菩提耶如来有所說法耶須菩提言如我解
佛所說義无有定法名阿耨多羅三藐三菩
提亦无有定法如来可說何以故如来所說
法皆不可取不可說非法非非法所以者何
一切賢聖皆以无為法而有差別
須菩提於意云何若人滿三千大千世界七
寶以用布施是人所得福德寧為多不須菩提
言甚多世尊何以故是福德即非福德性是故
如来說福德多若復有人於此經中受持乃至
四句偈等為他人說其福勝彼何以故須菩提
一切諸佛及諸佛阿耨多羅三藐三菩提法皆

一切諸佛及諸佛阿耨多羅三藐三菩提法皆
從此經出須菩提所謂佛法者即非佛法
須菩提於意云何須陁洹能作是念我得須
陁洹果不須菩提言不也世尊何以故須陁
洹名為入流而无所入不入色聲香味觸法
是名須陁洹須菩提於意云何斯陁含能作
是念我得斯陁含果不須菩提言不也世尊
何以故斯陁含名一往來而實无往來是名
斯陁含須菩提於意云何阿那含能作是念
我得阿那含果不須菩提言不也世尊何以
故阿那含名為不來而實无來是故名阿那
含須菩提於意云何阿羅漢能作是念我得
阿羅漢道不須菩提言不也世尊何以故實

說我得无諍三昧人中最爲第一是第一離
欲阿羅漢我不作是念我是離欲阿羅漢世
尊我若作是念我得阿羅漢道世尊則不說
須菩提是樂阿蘭那行者以須菩提實无所
行而名須菩提是樂阿蘭那行
佛告須菩提於意云何如來昔在然燈佛所
於法有所得不世尊如來在然燈佛所於法
實无所得須菩提於意云何菩薩莊嚴佛
土不不也世尊何以故莊嚴佛土者則非莊嚴
是名莊嚴是故須菩提諸菩薩摩訶薩應如
是生清淨心不應住色生心不應住聲香味
觸法生心應无所住而生其心須菩提譬如
有人身如須弥山王於意云何是身爲大不

BD00049　金剛般若波羅蜜經

有人身如須弥山王於意云何是身爲大不
須菩提言甚大世尊何以故佛説非身是名
大身須菩提如恒河中所有沙數如是沙等
恒河於意云何是諸恒河沙寧爲多不須菩
提言甚多世尊但諸恒河尚多无數何况其
沙須菩提我今實言告汝若有善男子善女
人以七寶滿尒所恒河沙數三千大千世界
以用布施得福多不須菩提言甚多世尊佛
告須菩提若善男子善女人於此經中乃至
受持四句偈等爲他人説而此福德勝前福
德復次須菩提隨説是經乃至四句偈等當
知此處一切世間天人阿脩羅皆應供養如
佛塔廟何况有人盡能受持讀誦須菩提當

尒時須菩提白佛言世尊當何名此經我等
云何奉持佛告須菩提是經名爲金剛般若
波羅蜜以是名字汝當奉持所以者何須菩
提佛說般若波羅蜜則非般若波羅蜜須菩
提於意云何如来有所說法不須菩提白佛
言世尊如来无所說須菩提於意云何三千
大千世界所有微塵是爲多不須菩提言甚
多世尊須菩提諸微塵如来說非微塵是名
微塵如来說世界非世界是名世界須菩提
於意云何可以三十二相見如来不不也世
尊不可以三十二相得見如来何以故如来說
三十二相即是非相是名三十二相須菩提
若有善男子善女人以恒河沙等身命布施

BD00049　金剛般若波羅蜜經

若有善男子善女人以恒河沙等身命布施
若復有人於此經中乃至受持四句偈等為
他人說其福甚多
尒時須菩提聞說是經深解義趣涕淚悲泣
而白佛言希有世尊佛說如是甚深經典我
從昔來所得慧眼未曾得聞如是之經世尊
若復有人得聞是經信心清淨則生實相當
知是人成就第一希有功德世尊是實相者
則是非相是故如來說名實相世尊我今得
聞如是經典信解受持不足為難若當來世
後五百歲其有衆生得聞是經信解受持是
人則為第一希有何以故此人无我相人相
衆生相壽者相所以者何我相即是非相人
相衆生相壽者相即是非相何以故離一切

諸相則名諸佛佛告須菩提如是如是若復
有人得聞是經不驚不怖不畏當知是人甚
為希有何以故須菩提如來說第一波羅蜜
非第一波羅蜜是名第一波羅蜜
須菩提忍辱波羅蜜如來說非忍辱波羅蜜
何以故須菩提如我昔為歌利王割截身體
我於尒時无我相无人相无衆生相无壽者
相何以故我於往昔節節支解時若有我相
人相衆生相壽者相應生瞋恨須菩提又念
過去於五百世作忍辱仙人於尒所世无我
相无人相无衆生相无壽者相是故須菩提
菩薩應離一切相發阿耨多羅三藐三菩提
心不應住色生心不應住聲香味觸法生心應
生无所住心若心有住則為非住是故佛說菩

BD00049　金剛般若波羅蜜經

生无所住心若心有住則為非住是故佛説菩
薩心不應住色布施須菩提菩薩為利益一切
衆生應如是布施如来説一切諸相即是非相
又説一切衆生則非衆生須菩提如来是真語
者實語者如語者不誑語者不異語者須菩
提如来所得法此法无實无虚須菩提若菩
薩心住於法而行布施如人入闇則无所見若
菩薩心不住法而行布施如人有目日光明照見
種種色須菩提當来之世若有善男子善女
人能於此經受持讀誦則為如来以佛智慧悉
知是人悉見是人皆得成就无量无邊功德
須菩提若有善男子善女人初日分以恒河沙
等身布施中日分復以恒河沙等身布施
後日分亦以恒河沙等身布施

心不逆其福勝彼何況書寫受持讀誦為人
解說須菩提以要言之是經有不可思議不
可稱量无邊功德如來為發大乘者說為發
最上乘者說若有人能受持讀誦廣為人說
如來悉知是人悉見是人皆成就不可量不
可稱无有邊不可思議功德如是人等則為
荷擔如來阿耨多羅三藐三菩提何以故須
菩提若樂小法者著我見人見衆生見壽者
見則於此經不能聽受讀誦為人解說須菩
提在在處處若有此經一切世間天人阿脩
羅所應供養當知此處則為是塔皆應恭敬
作礼圍繞以諸華香而散其處
復次須菩提善男子善女人受持讀誦此經

BD00049　金剛般若波羅蜜經

復次須菩提善男子善女人受持讀誦此經
若爲人輕賤是人先世罪業應墮惡道以今
世人輕賤故先世罪業則爲消滅當得阿耨
多羅三藐三菩提須菩提我念過去无量阿
僧祇劫於然燈佛前得值八百四千万億那由
他諸佛悉皆供養承事无空過者若復有人
於後末世能受持讀誦此經所得功德於我
所供養諸佛功德百分不及一千万億分乃至
筭數譬喻所不能及須菩提若善男子善女
人於後末世有受持讀誦此經所得功德我若
具說者或有人聞心則狂亂狐疑不信須菩提
當知是經義不可思議果報亦不可思議
尒時須菩提白佛言世尊善男子善女人發

多羅三藐三菩提者當生如是心我應滅度
一切衆生滅度一切衆生已而无有一衆生
實滅度者何以故若菩薩有我相人相衆生
相壽者相則非菩薩所以者何須菩提實无
有法發阿耨多羅三藐三菩提者須菩提於
意云何如来於然燈佛所有法得阿耨多羅
三藐三菩提不不也世尊如我解佛所說義
佛於然燈佛所无有法得阿耨多羅三藐三
菩提佛言如是如是須菩提實无有法如来
得阿耨多羅三藐三菩提須菩提若有法如
来得阿耨多羅三藐三菩提然燈佛則不與
我受記汝於来世當得作佛号釋迦牟尼以
實无有法得阿耨多羅三藐三菩提是故然

BD00049　金剛般若波羅蜜經

實无有法得阿耨多羅三藐三菩提是故然
燈佛與我受記作是言汝於來世當得作佛
号釋迦牟尼何以故如來者即諸法如義若
有人言如來得阿耨多羅三藐三菩提須菩
提實无有法佛得阿耨多羅三藐三菩提須
菩提如來所得阿耨多羅三藐三菩提於是
中无實无虛是故如來說一切法皆是佛法
須菩提所言一切法者即非一切法是故名一
切法須菩提譬如人身長大須菩提言世尊
如來說人身長大則為非大身是名大身須
菩提菩薩亦如是若作是言我當滅度无量
衆生則不名菩薩何以故須菩提實无有法
名為菩薩是故佛說一切法无我无人无衆

佛土是不名菩薩何以故如來說莊嚴佛土
者即非莊嚴是名莊嚴須菩提若菩薩通達
无我法者如來說名真是菩薩
須菩提於意云何如來有肉眼不如是世尊
如來有肉眼須菩提於意云何如來有天眼
不如是世尊如來有天眼須菩提於意云何
如來有慧眼不如是世尊如來有慧眼須菩
提於意云何如來有法眼不如是世尊如來
有法眼須菩提於意云何如來有佛眼不如
是世尊如來有佛眼須菩提於意云何恒河
中所有沙佛說是沙不如是世尊如來說是
沙須菩提於意云何如一恒河中所有沙有
如是等恒河是諸恒河所有沙數佛世界如
是寧為多不甚多世尊佛告須菩提尒所國

是寧為多不甚多世尊佛告須菩提尒所國
土中所有衆生若干種心如来悉知何以故
如来說諸心皆為非心是名為心所以者何
須菩提過去心不可得現在心不可得未来
心不可得須菩提於意云何若有人滿三千
大千世界七寶以用布施是人以是因緣得福
多不如是世尊此人以是因緣得福甚多須
菩提若福德有實如来不說得福德多以福
德无故如来說得福德多
須菩提於意云何佛可以具足色身見不不
也世尊如来不應以具足色身見何以故如来
說具足色身即非具足色身是名具足色身須
菩提於意云何如来可以具足諸相見不不也
世尊如来不應以具足諸相見何以故如来

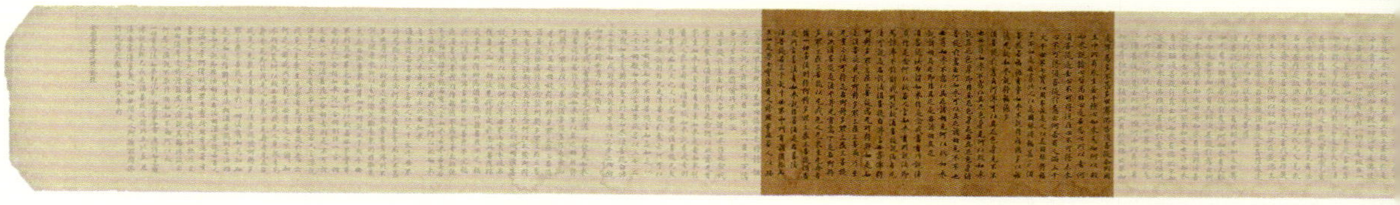

須菩提汝勿謂如來作是念我當有所說法
莫作是念何以故若人言如來有所說法即
爲謗佛不能解我所說故須菩提說法者无
法可說是名說法須菩提白佛言世尊佛得
阿耨多羅三藐三菩提爲无所得耶如是如
是須菩提我於阿耨多羅三藐三菩提乃至
无有少法可得是名阿耨多羅三藐三菩提
復次須菩提是法平等无有高下是名阿耨
多羅三藐三菩提以无我无人无衆生无壽者
脩一切善法則得阿耨多羅三藐三菩提須菩
提所言善法者如來說非善法是名善法
須菩提若三千大千世界中所有諸須彌山
王如是等七寶聚有人持用布施若人以此

王如是等七寶聚有人持用布施若人以此
般若波羅蜜經乃至四句偈等受持讀誦
爲他人說於前福德百分不及一百千万億
分乃至筭數譬喻所不能及
須菩提於意云何汝等勿謂如來作是念我
當度衆生須菩提莫作是念何以故實无有
衆生如來度者若有衆生如來度者如來則
有我人衆生壽者須菩提如來說有我者則
非有我而凡夫之人以爲有我須菩提凡夫
者如來說則非凡夫須菩提於意云何可以
三十二相觀如來不須菩提言如是如是以
三十二相觀如來佛言須菩提若以三十二
相觀如來者轉輪聖王則是如來須菩提白佛

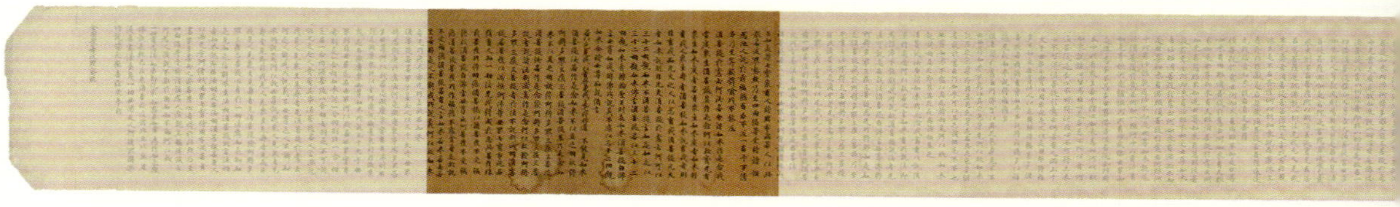

若以色見我　以音聲求我　是人行邪道　不能見如来
須菩提汝若作是念如来不以具足相故得
阿耨多羅三藐三菩提須菩提莫作是念如
来不以具足相故得阿耨多羅三藐三菩提
須菩提汝若作是念發阿耨多羅三藐三菩
提者說諸法斷滅莫作是念何以故發阿耨
多羅三藐三菩提者於法不說斷滅相須菩
提若菩薩以滿恒河沙等世界七寶布施若
復有人知一切法无我得成於忍此菩薩勝
前菩薩所得功德須菩提以諸菩薩不受福
德故須菩提白佛言世尊云何菩薩不受福
德須菩提菩薩所作福德不應貪著是故說
不受福德須菩提若有人言如来若来若去若
坐若卧是人不解我所說義何以故如来

不受福德須菩提若有人言如来若来若去若
坐若卧是人不解我所說義何以故如来
者无所從来亦无所去故名如来
須菩提若善男子善女人以三千大千世界
碎為微塵於意云何是微塵衆寧為多不甚
多世尊何以故若是微塵衆實有者佛則不
說是微塵衆所以者何佛說微塵衆則非微塵
衆是名微塵衆世尊如来所說三千大千世
界則非世界是名世界何以故若世界實有
者則是一合相如来說一合相則非一合相
是名一合相須菩提一合相者則是不可說
但凡夫之人貪著其事須菩提若人言佛說
我見人見衆生見壽者見須菩提於意云
何是人解我所說義不世尊是人不解如

壽者見即非我見人見衆生見壽者見是名

我見人見衆生見壽者見須菩提發阿耨多

羅三藐三菩提心者於一切法應如是知如

是見如是信解不生法相須菩提所言法相

者如來說即非法相是名法相須菩提若有人

以滿无量阿僧祇世界七寶持用布施若有

善男子善女人發菩薩心者持於此經乃至

四句偈等受持讀誦為人演說其福勝彼云

何為人演說不取於相如如不動何以故

一切有為法　如夢幻泡影　如露亦如電　應作如是觀

佛說是經已長老須菩提及諸比丘比丘尼

優婆塞優婆夷一切世間天人阿脩羅聞佛

所說皆大歡喜信受奉行

金剛般若波羅蜜經

BD00049　金剛般若波羅蜜經

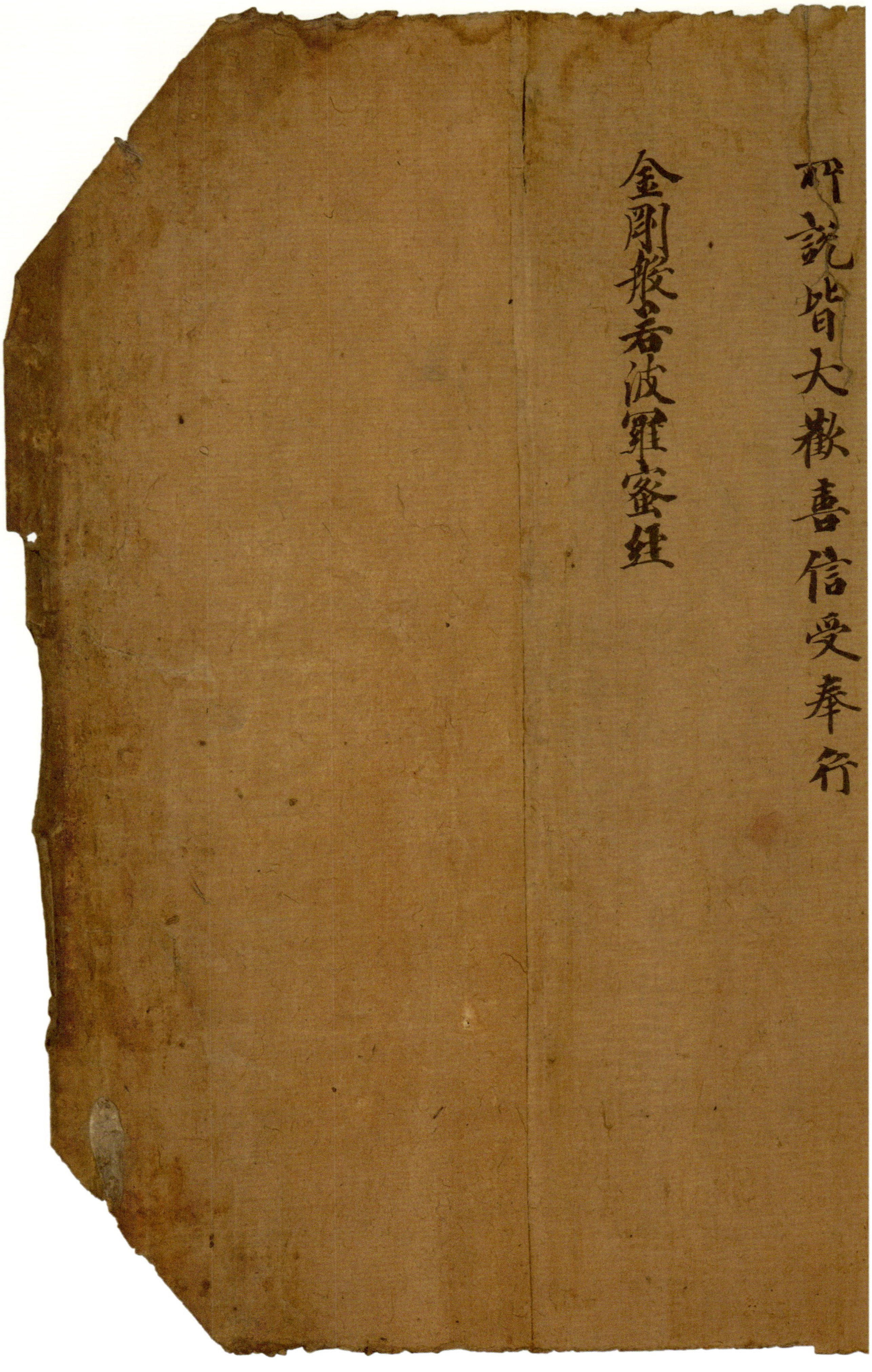

所說皆大歡喜信受奉行

金剛般若波羅蜜經

BD00050 金光明最勝王經卷四

（唐）義净 譯

BD00050v 雜寫

555.1cm × 26.5cm

菩提
不可得聲聞聲聞
可得菩薩菩薩名不可得
非行不可得行非行名不
於一切寂靜法中
善根而得生起
善男子譬如須彌山王
心利衆生故是名蜜因善男
子譬如大地持衆物故名第二持戒波羅
蜜因譬如師子有大威力獨步无畏離驚恐
故是名第三忍辱波羅蜜因譬如風輪那羅
延力勇壯速疾心不退故是名第四勤策波

名第五靜慮波羅蜜因譬如日輪光耀熾盛
此心速能破滅生死无明闇故是名第六智
慧波羅蜜因譬如商主能令一切心願滿足
此心能度生死險道獲功德寶故是名第七
方便勝智波羅蜜因譬如淨月圓滿无翳此
心能於一切境界清淨具足故是名第八願
波羅蜜因譬如轉輪聖王主兵寶臣隨意自
在此心善能莊嚴淨佛國土无量功德廣利
群生故是名第九力波羅蜜因譬如虛空及
轉輪聖王此心能於一切境界无有障礙於
一切處皆得自在至灌頂位故是名第十智
波羅蜜因善男子是名菩薩摩訶薩十種菩
提心因如是十因汝當修學
善男子依五種法菩薩摩訶薩成就布施波
羅蜜云何為五一者信根二者慈悲三者无

善男子依五種法菩薩摩訶薩成就布施波
羅蜜云何爲五一者信根二者慈悲三者无
求欲心四者攝受一切衆生五者願求一切
智智善男子是名菩薩摩訶薩成布施波
羅蜜善男子復依五法菩薩摩訶薩成就持
戒波羅蜜云何爲五一者三業清淨二者不
爲一切衆生作煩惱因緣三者閉諸惡道開
善趣門四者過於聲聞獨覺之地五者一切
功德皆悉滿足善男子是名菩薩摩訶薩成
就持戒波羅蜜善男子復依五法菩薩摩訶
薩成就忍辱波羅蜜云何爲五一者能伏貪
瞋煩惱二者不惜身命不求安樂止息之想
三者思惟往業遭苦能忍四者發慈悲心成
就衆生諸善根故五者爲得甚深无生法忍
善男子是名菩薩摩訶薩成就忍辱波羅蜜

者福德未具不受安樂三者於諸難行苦行
之事不生厭心四者以大慈悲攝受利益方便
成熟一切衆生五者願求不退轉地善男子
是名菩薩摩訶薩成就勤策波羅蜜善男
子復依五法菩薩摩訶薩成就靜慮波羅蜜
云何為五一者於諸善法攝令不散故二者常
願解脫不著二邊故三者願得神通成就
衆生諸善根故四者為淨法界蠲除心垢故
五者為斷衆生煩惱根本故善男子是名菩
薩摩訶薩成就靜慮波羅蜜善男子復依五
法菩薩摩訶薩成就智慧波羅蜜云何為五
一者常於一切諸佛菩薩及明智者供養親
近不生厭背二者諸佛如來說甚深法心常
樂聞无有厭足三者真俗勝智樂善分別四
者見修煩惱咸速斷除五者世間技術五明

樂聞无有厭足三者真俗勝智樂善分別四
者見修煩惱咸速斷除五者世間伎術五明
之法皆悉通達善男子是名菩薩摩訶薩成
就智慧波羅蜜善男子復依五法菩薩摩訶
薩成就方便波羅蜜云何為五一者於一切
衆生意樂煩惱心行差別悉皆通達二者元
量諸法對治之門心皆曉了三者大慈悲定出
入自在四者於諸波羅蜜多皆願修行成
熟滿足五者一切佛法皆願了達攝受元遺
善男子是名菩薩摩訶薩成就方便勝智波
羅蜜善男子復依五法菩薩摩訶薩成就願
波羅蜜云何為五一者於一切法從本以來不
生不滅非有非元心得安住二者觀一切
法最妙理趣離垢清淨心得安住三者過一
切相心本真如元作元行不異不動心得安

[illegible]
得安住善男子是名菩薩摩訶薩成就願波
羅蜜善男子復依五法菩薩摩訶薩成就力
波羅蜜云何為五一者以正智力能了一切衆
生心行善惡二者能令能令一切衆生入於甚
深微妙之法三者一切衆生輪迴生死隨其緣
業如實了知四者於諸衆生三種根性以
正智力能分別知五者於諸衆生如理為說
令種善根成熟度脫皆是智力故善男子是
名菩薩摩訶薩成就力波羅蜜善男子復依
五法菩薩摩訶薩成就智波羅蜜云何為五
一者能於諸法分別善惡二者於黑白法遠
離攝受三者能於生死涅槃不厭不喜四者
具福智行至究竟處五者受勝灌頂能得諸
佛不共法等及一切智智善男子是名菩薩
摩訶薩成就智波羅蜜善男子何者是波羅

佛不共法善成一切智智善男子是名菩薩
摩訶薩成就智波羅蜜善男子何者是波羅
蜜義所謂修習勝利是波羅蜜義滿足无量
大甚深智是波羅蜜義行非行法心不執著
是波羅蜜義生死過失涅槃功德正覺正觀
是波羅蜜義愚人智人皆悉攝受是波羅蜜
義能現種種珎妙法寶是波羅蜜義无礙解
脫智慧滿足是波羅蜜義法界衆生界正分
別知是波羅蜜義施等及智能令至不退轉
是波羅蜜義无生法忍能令滿足是波羅蜜
義一切衆生功德善根能令成熟是波羅蜜
義能於菩提成佛十方四无所畏不共法等
皆悉成就是波羅蜜義生死涅槃了无二相
是波羅蜜義濟度一切是波羅蜜義一切外
道来相詰難善能解釋令其降伏是波羅蜜

善男子初地菩薩是相先現三千大千世界
无量无邊種種寶藏无不盈滿菩薩悉見善
男子二地菩薩是相先現三千大千世界地平
如掌无量无邊種種妙色清淨珎寶莊嚴
之具菩薩悉見善男子三地菩薩是相先現
自身勇健甲仗莊嚴一切怨賊皆能摧伏菩
薩悉見善男子四地菩薩是相先現四方風
輪種種妙花悉皆散灑充布地上菩薩悉見
善男子五地菩薩是相先現有妙寶女衆寶
瓔珞周遍嚴身首冠名花以為其飾菩薩悉
見善男子六地菩薩是相先現七寶花池有
四階道金沙遍布清淨无穢八功德水皆悉
盈滿嗢鉢羅花拘物頭花分陁利花隨處莊
嚴於花池所遊戲快樂清涼无比菩薩悉見

嚴於花池所遊戲快樂清涼无比菩薩悉見
善男子七地菩薩是相先現於菩薩前有諸
衆生應墮地獄以菩薩力便得不墮无有損
傷亦无恐怖菩薩悉見善男子八地菩薩是
相先現於身兩邊有師子王以為衛護一切
衆獸悉皆怖畏菩薩悉見善男子九地菩薩
是相先現轉輪聖王无量億衆圍繞供養頂
上白蓋无量衆寶之所莊嚴菩薩悉見善男
子十地菩薩是相先現如來之身金色晃耀
无量淨光悉皆圓滿有无量億梵王圍繞恭
敬供養轉於无上微妙法輪菩薩悉見
善男子云何初地名為歡喜謂初證得出世
之心昔所未得而今始得於大事用如其所
願悉皆成就生極喜樂是故最初名為歡喜

[illegible]

摧伏闡特陀羅尼以為根本是故三地名為
明地以智慧火燒諸煩惱增長光明修行覺
品是故四地名為燄地修行方便勝智自在
極難得故見修煩惱難伏能伏是故五地名
為難勝行法相續了了顯現无相思惟皆悉
現前是故六地名為現前无漏无間无相思
惟解脫三昧遠修行故是地清淨无有障礙
是故七地名為遠行无相思惟修得自在諸
煩惱行不能令動是故八地名為不動說一
切法種種差別皆得自在无患无累增長智
慧自在无礙是故九地名為善慧法身如虛
空智慧如大雲皆能遍滿覆一切是故第
十名為法雲

善男子執著有相我法无明怖畏生死惡趣
无明此二无明[illegible]

善男子執著有相我法无明怖畏生死惡趣
无明此二无明障於初地微細學處誤犯无
明發起種種業行无明此二无明障於二地未
得令得愛著无明能障殊勝揔持无明此
二无明障於三地味著等至喜悅无明微妙
淨法愛樂无明此二无明障於四地欲背生
死无明希趣涅槃无明此二无明障於五地觀
行流轉无明麤相現前无明此二无明障
於六地微細諸相現行无明作意欣樂无相
无明此二无明障於七地於无相觀功用无
明執相自在无明此二无明障於八地於所說
義及名句文此二无量未善巧无明於詞
辯才不隨意无明此二无明障於九地於大
神通未得自在變現无明微細秘密未能悟
解事業无明此二无明障於十地於一切境

光

善男子菩薩摩訶薩於初地中行施波羅
蜜於二地行戒波羅蜜於第三地行忍波羅
羅蜜於第六地行慧波羅蜜於第七地行方
便勝智波羅蜜於第八地行願波羅蜜於第
九地行力波羅蜜於第十地行智波羅蜜善
男子菩薩摩訶薩最初發心攝受能生妙寶
三摩地第二發心攝受能生可愛樂三摩地
第三發心攝受能生難動三摩地第四發心
攝受能生不退轉三摩地第五發心攝受能

无明此二无明障於初地微細學處誤犯无
明發起種種業行无明此二无明障於二地

明發起種種業行无明此二无明障於二地
未得令得愛著无明能障殊勝惣持无明此
二无明障於三地味著等至喜悅无明微妙
淨法愛樂无明此二无明障於四地欲背生
死无明希趣涅槃无明此二无明障於五地
觀行流轉无明麁相現前无明此二无明障
於六地微細諸相現行无明作意欣樂无相
无明此二无明障於七地於无相觀功用无
明執相自在无明此二无明障於八地於所
說義及名句文此二无量未善巧无明於詞
辯才不隨意无明此二无明障於九地於大
神通未得自在變現无明微細秘密未能悟
解事業无明此二无明障於十地於一切境
微細所知障礙无明極細煩惱麁重无明此
二无明障於佛地

蜜於第四地行勤波羅蜜於第五地行定波
羅蜜於第六地行慧波羅蜜於第七地行方
便勝智波羅蜜於第八地行願波羅蜜於第
九地行力波羅蜜於第十地行智波羅蜜善
男子菩薩摩訶薩最初發心攝受能生妙寶
三摩地第二發心攝受能生可愛樂三摩地
第三發心攝受能生難動三摩地第四發心
攝受能生不退轉三摩地第五發心攝受能
生寶花三摩地第六發心攝受能生日圓
光焰三摩地第七發心攝受能生一切願如
意成就三摩地第八發心攝受能生現前證
住三摩地第九發心攝受能生智藏三摩地
第十發心攝受能生勇進三摩地善男子是
名菩薩摩訶薩十種發心善男子菩薩摩
訶薩行此初地得陀羅尼名依功德力爾時世

名菩薩摩訶薩十種發心善男子菩薩摩
訶薩於此初地得陁羅尼名依功德力尒時世
尊即說呪曰

怛 姪 他 晡嗏你曇奴喇剎
獨虎 獨虎獨虎 耶跋蘇 利 瑜
阿婆薩底(丁里反 下皆同) 耶跋旃達 羅
調 怛 底 多 跋 達喏 叉 湯
憚茶鉢喇訶𠿒 矩嚕 莎訶

善男子此陁羅尼是過一恒河沙數諸佛所
說為護初地菩薩故若有誦持此陁羅尼呪
者得脫一切怖畏所謂虎狼師子惡獸之類
一切惡鬼人非人等怨賊灾橫及諸苦惱解
脫五障不忘念初地

善男子菩薩摩訶薩於第二地得陁羅尼名
善安樂住

繕覩繕都嗢蔕里　虎嚕虎嚕莎訶
善男子此陁羅尼是過二恒河沙數諸佛所
說爲護二地菩薩故若有誦持此陁羅尼呪
者脫諸怖畏惡獸惡鬼人非人等惡賊災横
及諸苦惱解脫五障不忘念二地
善男子菩薩摩訶薩於第三地得陁羅尼名
難勝力
呾　姪　他　憚宅枳　般宅枳
羯喇擻　高喇擻　雞由哩憚擻里莎訶
善男子此陁羅尼是過三恒河沙數諸佛所
說爲護三地菩薩故若有誦持此陁羅尼呪
者脫諸怖畏惡獸惡鬼人非人等惡賊災横
及諸苦惱解脫五障不忘念三地
善男子菩薩摩訶薩於第四地得陁羅尼
名大利益

善男子菩薩摩訶薩於第四地得陁羅尼
名大利益
怛姪他　室唎唎　室唎
陁弭你陁弭你　陁哩陁哩你
室唎室唎你　毗舍羅波世波始娜
畔陁弭帝莎訶
善男子此陁羅尼是過四恒河沙數諸佛所
說為護四地菩薩故若有誦持此陁羅尼呪
者脫諸怖畏惡獸惡鬼人非人等怨賊灾橫
及諸苦惱解脫五障不忘念四地
善男子菩薩摩訶薩於第五地得陁羅尼名
種種功德莊嚴
怛姪他　訶哩訶哩你
遮哩遮哩你　羯喇摩引你
僧羯喇摩你　三婆山你瞻跋你

所說為護五地菩薩摩訶薩故若有誦持此
陀羅尼呪者脫諸怖畏惡獸惡鬼人非人等怨
賊灾横及諸苦惱解脫五障不忘念五地
善男子菩薩摩訶薩於第六地得陀羅尼名
圓滿智
怛 姪 他 毗徒哩毗徒 哩
摩哩你迦里迦里 毗度 漢 底
嚕 嚕 嚕 嚕 主 嚕 主 嚕
杜嚕婆杜 嚕婆 捨捨設者婆哩灑
莎入悉底薩婆薩埵喃 悉 甸 覩 漫
曼怛囉鉢陀你莎訶
善男子此陀羅尼是過六恒河沙數諸佛所
說為護六地菩薩摩訶薩故若有誦持陀
羅尼呪者脫諸怖畏惡獸惡鬼人非人等怨

羅尼呪者脫諸怖畏惡獸惡鬼人非人等怨
賊灾横及諸煩惱解脫五障不忘念六地
善男子菩薩摩訶薩於第七地得陁羅尼名
法勝行
怛 姪 他 句訶上 句訶 引嚕
句訶句訶句訶嚕 鞞陸枳鞞陸枳
阿蜜栗多虎漢你 勃里山你
鞞嚕勅枳婆嚕伐底 鞞提呬枳
頻陁鞞 哩 你 阿蜜 哩 底 枳
薄 虎 主 愈 薄 虎 主 愈 莎 訶
善男子此陁羅尼是過七恒河沙數諸佛所
說為護七地菩薩故若有誦持此陁羅尼呪
者脫諸怖畏惡獸惡鬼人非人等怨賊灾横
及諸煩惱解脫五障不忘念七地
善男子菩薩摩訶薩於第八地得陁羅尼名

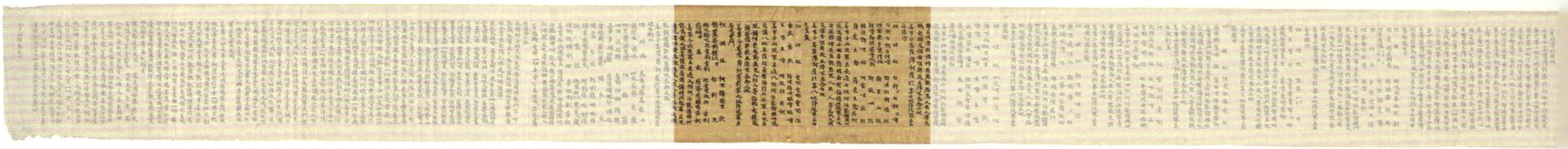

怛　姪　他

蜜底　蜜　底　謺哩謺哩醯嚕醯嚕

主　嚕　主　嚕　畔陁弭　莎　訶

善男子此陁羅尼過八恒河沙數諸佛所說

為護八地菩薩故若有誦持此陁羅尼呪者

脫諸怖畏惡獸惡鬼人非人等怨賊灾橫及

諸苦惱解脫五障不忘念八地

善男子菩薩摩訶薩於第九地得陁羅尼

名无量門

怛　姪　他　訶哩旃荼哩　枳

俱藍婆喇體天里反　都　剌　死

枳吒枳吒死室剎室剎　迦室哩迦必　室剎

莎䉶活反　蘧　底　薩婆薩埵喃莎訶

善男子此陁羅尼是過九恒河沙數諸佛所

說為護九地菩薩故若有誦持此陁羅尼呪

脫諸怖畏惡獸惡鬼人非人等怨賊灾橫

說為護九地菩薩故若有誦持此陁羅尼呪
者脫諸怖畏惡獸惡鬼人非人等怨賊突橫
及諸苦惱解脫五障不忘念九地
善男子菩薩摩訶薩於第十地得陁羅尼名
破金剛山
怛姪他 悉提去 蘇悉提去
謨析木 察你 毗木底 末麗
毗末麗涅末麗 怛楬 麗
呬嚫 若 楬鞞 曷喇怛娜楬鞞
三曼多跋姪麗 薩婆頞他娑憚你
摩㮈斯莫訶摩斯㮈 頞 步 底
頞 窒 步 底 阿喇揞 毗喇揞
頞主底卷窒栗底 阿喇揞毗喇揞
跋 嚂 謎 跋囉甜合火麼泣入麗
脯喇你脯喇 娜 曼奴喇剝莎訶

[illegible]

此陁羅尼呪者脫諸怖畏惡獸惡鬼人非人

等怨賊災橫，一切毒害皆悉除滅　解脫五障

不忘念十地

尒時師子相无礙光焰菩薩聞佛說此不可

思議陁羅尼已即從座起偏袒右肩右膝著

地合掌恭敬頂礼佛足以頌讚佛

敬礼无譬喻　甚深无相法　衆生失正知　唯佛能濟度

如來明慧眼　不見一法相　復以正法眼　普照不思議

不生於一法　亦不滅一法　由斯平等見　得至无上處

不壞於生死　亦不住涅槃　不著於二邊　是故證圓寂

於淨不淨品　世尊知一味　由不分別故　獲得最清淨

世尊无邊身　不說於一字　令諸弟子衆　法雨皆充滿

佛觀衆生相　一切種皆无　然於苦惱者　常興於救護

苦樂常无常　有我无我等　不一亦不異　不生亦不滅

[illegible]

苦樂常无常 有我无我等 不一亦不異 不生亦不滅
如是衆多義 隨說有差別 譬如空谷響 唯佛能了知
法界无分別 是故无異乘 爲度衆生故 分別說有三
尒時大自在梵天王亦從座起偏袒右肩右
膝著地合掌恭敬頂礼佛足而白佛言世尊
此金光明最勝王經希有難量初中後善文
義究竟皆能成就一切佛法若受者是人
則爲報諸佛恩佛言善男子如是如是如汝
所說善男子若得聽聞是經典者皆不退於
阿耨多羅三藐三菩提何以故善男子是能
成熟不退地菩薩殊勝善根是第一法印是
衆經王故應聽聞受持讀誦何以故善男子
若一切衆生未種善根未成熟善根未親近
諸佛者不能聽聞是微妙法若善男子善女
人能聽受者一切罪障皆悉除滅得最淨清

[illegible]
謂无盡无減海印出妙功德陁羅尼无盡无
減通達衆生意行言語陁羅尼无盡无減日
圓无垢相光陁羅尼无盡无減滿月相光陁羅
尼无盡无減能伏諸惑演功德流陁羅尼
无盡无減破金剛山陁羅尼无盡无減說不可
說義因緣藏陁羅尼无盡无減通達實語
法則音聲陁羅尼无盡无減虛空无垢心行
印陁羅尼无盡无減无邊佛身皆能顯現陁
羅尼无盡无減
善男子如是等无盡无減諸陁羅尼門得成
就故是菩薩摩訶薩能於十方一切佛土化
作佛身演說无上種種正法於法真如不動
不住不來不去善能成熟一切衆生善根亦
不見一衆生可成熟者雖說種種諸法於言
詞中不動不住不去不來能於生滅證无生滅

不見一衆生可成熟者，數說種種諸法於言
詞中不動不住不去不來，能於生滅證无生滅。
以何因緣說諸行法无有去來？由一切法
體无異故。說是法時，三万億菩薩摩訶薩
得无生法忍，无量諸菩薩不退菩提心，无量无
邊苾芻苾芻尼得法眼淨，无量衆生發菩薩
心。尒時世尊而說頌曰：
勝法能逆生死流　甚深微妙難得見
有情盲冥貪欲覆　由不見故受衆苦
尒時大衆俱從座起，頂礼佛足而白佛世
尊：若所在處講宣讀誦此金光明最勝王經，
我等大衆皆悉往彼為作聽衆，是說法師令
得利益安樂无障，身意泰然，我等皆當盡
供養，亦令聽衆安隱快樂，所住國土无諸怨
賊恐怖厄難飢饉之苦，人民熾盛，此說法處

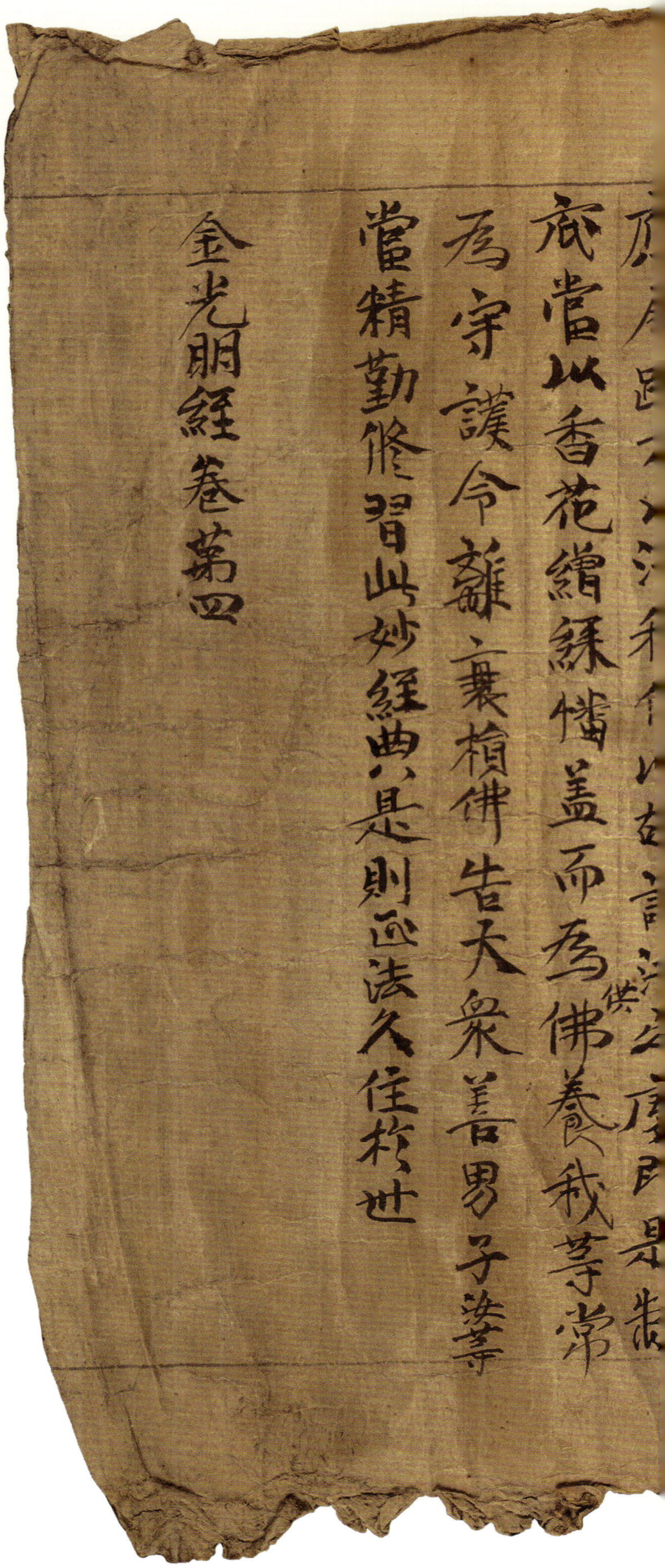

BD00050　金光明最勝王經卷四

BD00050v　雜寫

BD00051 妙法蓮華經卷六

（後秦）鳩摩羅什 譯

311.6cm × 26cm

得功德如向所説眼耳鼻舌身意清淨得大
勢乃往古昔過无量无邊不可思議阿僧祇
劫有佛名威音王如来應供正遍知明行足
善逝世間解无上士調御丈夫天人師佛世
尊劫名離衰國名大成其威音王佛於彼世
中爲天人阿脩羅説法爲求聲聞者説應四
諦法度生老病死究竟涅槃爲求辟支佛者
説應十二因緣法爲諸菩薩因阿耨多羅三
藐三菩提説應六波羅蜜法究竟佛慧得大
勢是威音王佛壽四十万億那由他恒河沙劫
正法住世劫數如一閻浮提微塵像法住
世劫數如四天下微塵其佛饒益衆生已然
後滅度正法像法滅盡之後於此國土復有

善逝世間解无上士調御丈夫天人師佛世
尊如是次第有二万億佛皆同一号冣初威
音王如来既已滅度正法滅後於像法中增
上慢比丘有大勢力尒時有一菩薩比丘名
常不輕得大勢以何因緣名常不輕是比丘凡
有所見若比丘比丘尼優婆塞優婆夷皆悉
礼拜讃嘆而作是言我深敬汝等不敢輕慢
所以者何汝等皆行菩薩道當得作佛而是
比丘不專讀誦經典但行礼拜乃至遠見
四衆亦復故往礼拜讃嘆而作是言我不敢
輕於汝等汝等皆當作佛故四衆之中有生
瞋恚心不淨者惡口罵詈言是无智比丘從
何所来自言我不輕汝而與我等受記當得

瞋恚心不淨者惡口罵詈言是无智比丘從
何所来自言我不輕汝而與我等受記當得
作佛我等不用如是虛妄受記如此經歷多
年常被罵詈不生瞋恚常作是言如當作佛
說是語時衆人或以杖木瓦石而打擲之避
走遠住猶高聲唱言我不敢輕於汝等汝等
皆當作佛以其常作是語故增上慢比丘比
丘尼優婆塞優婆夷号之為常不輕是比丘
臨欲終時於虛空中具聞威音王佛先所說
法華經二十千万億偈悉能受持即得如上
眼根清淨耳鼻舌身意根清淨得是六根清淨
已更增壽命二百万億那由他歲廣為人說

婆塞優婆夷輕賤是人為作不輕名者見
其得大神通力樂說辯力大善寂力聞其所
說皆信伏隨從是菩薩復化千万億衆令住
阿耨多羅三藐三菩提命終之後得值二千
億佛皆号日月燈明於其法中說是法華経
以是因緣復值二千億佛同号雲自在燈王
於此諸佛法中受持讀誦為諸四衆說此経
典故得是常眼清淨耳鼻舌身意諸根清淨
於四衆中說法心无所畏得大勢是常不輕
菩薩摩訶薩供養如是若干諸佛恭敬尊重
讚嘆種諸善根於後復值千万億佛亦於諸
佛法中說是経典功德成就當得作佛得大
勢於意云何尒時常不輕菩薩豈異人乎則
我身是若我於宿世不受持讀誦此経為他

勢於意云何尒時常不輕菩薩豈異人乎則
我身是若我於宿世不受持讀誦此經為他
人說者不能疾得阿耨多羅三藐三菩提我
於先佛所受持讀誦此經為人說故疾得阿
耨多羅三藐三菩提得大勢彼時四衆比丘
比丘尼優婆塞優婆夷以瞋恚意輕賤我故
二百億劫常不值佛不聞法不見僧千劫於
阿鼻地獄受大苦惱畢是罪已復遇常不輕
菩薩教化阿耨多羅三藐三菩提得大勢於
汝意云何尒時四衆常輕是菩薩者豈異人
乎今此會中跋陁婆羅等五百菩薩師子月
等五百比丘尼思佛等五百優婆塞皆於阿
耨多羅三藐三菩提不退轉者是得大勢當

得大勢是法華經大饒益諸菩薩摩訶薩能令至
於阿耨多羅三藐三菩提是故諸菩薩摩訶
薩於如來滅後常應受持讀誦解說書寫是
經尒時世尊欲重宣此義而說偈言

過去有佛　号威音王　神智无量　將導一切
天人龍神　所共供養　是佛滅後　法欲盡時
有一菩薩　名常不輕　時諸四衆　計著於法
不輕菩薩　往到其所　而語之言　我不輕汝
汝等行道　皆當作佛　諸人聞已　輕毀罵詈
不輕菩薩　能忍受之　其罪畢已　臨命終時
得聞此經　六根清淨　神通力故　增益壽命
復為諸人　廣說是經　諸著法衆　皆蒙菩薩
教化成就　令住佛道　不輕命終　值无數佛
說是經故　得无量福　漸具功德　疾成佛道

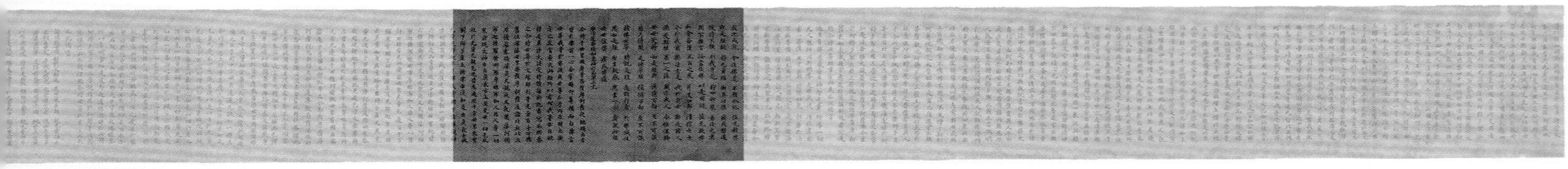

[illegible]
教化成就　令住佛道　不輕命終　值无數佛
説是經故　得无量福　漸具功德　疾成佛道
彼時不輕　則我身是　時四部衆　著法之者
聞不輕言　汝當作佛　以是因緣　值无數佛
此會菩薩　五百之衆　并及四部　清信士女
今於我前　聽法者是　我於前世　勸是諸人
聽受斯經　第一之法　開示教人　令住涅槃
世世受持　如是經典　億億万劫　至不可議
時乃得聞　是法華經　億億万劫　至不可議
諸佛世尊　時説是經　是故行者　於佛滅後
聞如是經　勿生疑惑　應當一心　廣説此經
世世值佛　疾成佛道

妙法蓮華經如來神力品第二十一

尒時千世界微塵等菩薩摩訶薩從地踊出者
皆於佛前一心合掌瞻仰尊顔而白佛言
世尊我等於佛滅後世尊分身所在國土滅
度之處當廣說此經所以者何我等亦自欲
得是真淨大法受持讀誦解說書寫而供養
之尒時世尊於文殊師利等无量百千万億
舊住娑婆世界菩薩摩訶薩及諸比丘比丘
尼優婆塞優婆夷天龍夜叉乾闥婆阿脩
羅迦樓羅緊那羅摩睺羅伽人非人等一切
衆前現大神力出廣長舌上至梵世一切毛孔
放於无量无數色光皆悉遍照十方世界衆寶
樹下師子座上諸佛亦復如是出廣長舌放
无量光釋迦牟尼佛及寶樹下諸佛現神

樹下師子座上諸佛亦復如是出廣長舌放
无量光釋迦牟尼佛及寶樹下諸佛現神
力時滿百千歲然後還攝舌相一時謦欬俱
共彈指是二音聲遍至十方諸佛世界地皆
六種震動其中衆生天龍夜叉乾闥婆阿脩
羅迦樓羅緊那羅摩睺羅伽人非人等以佛
神力故皆見此娑婆世界无量无邊百千万
億衆寶樹下師子座上及見釋迦牟尼佛
共多寶如來在寶塔中坐師子座又見无
量无邊百千万億菩薩摩訶薩及諸四衆恭
敬圍繞釋迦牟尼佛既見是已皆大歡喜得
未曾有即時諸天於虛空中高聲唱言過此
无量无邊百千万億阿僧祇世界有國名娑

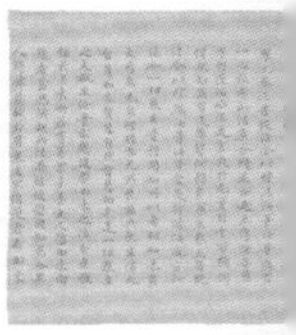

婆是中有佛名釋迦牟尼今為諸菩薩摩
訶薩說大乘經名妙法蓮華教菩薩法佛所
護念汝等當深心隨喜亦當礼拜供養釋迦
牟尼佛彼諸衆生聞虛空中聲已合掌向娑
婆世界作如是言南无釋迦牟尼佛南无釋
迦牟尼佛以種種華香瓔珞幡蓋及諸嚴身
之具珎寶妙物皆共遙散娑婆世界所散諸物
從十方來譬如雲集變成寶帳遍覆此閒諸
佛之上于時十方世界通達无礙如一佛土
尒時佛告上行等菩薩大衆諸佛神力如是
无量无邊不可思議若我以是神力於无量
无邊百千万億阿僧祇劫為囑累故說此經
功德猶不能盡以要言之如來一切所有之

功德猶不能盡以要言之如來一切所有之
法如來一切自在神力如來一切秘要之藏
如來一切甚深之事皆於此經宣示顯說是
故汝等於如來滅後應一心受持讀誦解說
書寫如說脩行所在國土若有受持讀誦解
說書寫如說脩行若經卷所住之處若於園
中若於林中若於樹下若於僧坊若白衣舍
若在殿堂若山谷曠野是中皆應起塔供養
所以者何當知是處即是道場諸佛於此得
阿耨多羅三藐三菩提諸佛於此轉于法輪
諸佛於此而般涅槃尒時世尊欲重宣此義
而說偈言
諸佛救世者　住於大神通　為悅眾生故　現無量神力

[illegible]相至梵天　身放无數光　為求佛道者　現此希有事

諸佛謦欬聲　及彈指之聲　周聞十方國　地皆六種動

以佛滅度後　能持是經故　諸佛皆歡喜　現无量神力

囑累是經故　讚美受持者　於无量劫中　猶故不能盡

是人之功德　无邊无有窮　如十方虛空　不可得邊際

能持是經者　則為已見我　亦見多寶佛　及諸分身者

又見我今日　教化諸菩薩　能持是經者　令我及分身

滅度多寶佛　一切皆歡喜　十方現在佛　并過去未來

亦見亦供養　亦令得歡喜　諸佛坐道場　所得秘要法

能持是經者　不久亦當得　能持是經者　持諸法之義

名字及言辭　樂說无窮盡　如風於空中　一切无障礙

於如來滅後　知佛所說經　因緣及次第　隨義如實說

如日月光明　能除諸幽冥　斯人行世間　能滅眾生闇

名字及言辭 樂說无窮盡 如風於空中 一切无障礙
於如来滅後 知佛所說経 因緣及次第 隨義如實說
如日月光明 能除諸幽瞑 斯人行世間 能滅衆生暗
教无量菩薩 畢竟住一乘 是故有智者 聞此功德利
於我滅度後 應受持斯経 是人於佛道 決定无有疑

妙法蓮華経囑累品第二十二

尒時釋迦牟尼佛從法座起現大神力以右
手摩无量菩薩摩訶薩頂而作是言我於无
量百千万億阿僧祇劫脩習是難得阿耨多
羅三藐三菩提法今以付囑汝等汝等應當
一心流布此法廣令增益如是三摩諸菩薩
摩訶薩頂而作是言我於无量百千万億阿
僧祇劫脩習是難得阿耨多羅三藐三菩提
法今以付囑汝等汝等當受持讀誦廣宣此

法令一切衆生普得聞知所以者何如来有
大慈悲无諸慳悋亦无所畏能與衆生佛之
智慧如来智慧自然智慧如来是一切衆生
之大施主汝等亦應隨學如来之法勿生慳
悋於未来世若有善男子善女人信如来智
慧者當為演説此法華經使得聞知為令其
人得佛慧故若有衆生不信受者於如来

BD00052 維摩詰所説經卷中

（後秦）鳩摩羅什 譯

1008.5cm × 25cm

[illegible]老何菩薩
死則有病若衆生得離
病譬如長者唯有一子
若子病愈父母亦愈菩
之若子衆生病則菩薩
愈又言是疾何所因起菩
文殊師利言居士此室何以空无侍者維摩詰
言諸佛國土亦復皆空又問以何爲空答曰
空空又問空何用空答曰以无分別空故
空又問空可分別邪答曰分別亦空又問空
當於何求答曰當於六十二見中求又問六
十二見當於何求答曰當於諸佛解脫中
求又問諸佛解脫當於何求答曰當於一切

魔及諸外道皆吾侍也所以者何衆魔者樂
生死菩薩於生死而不捨外道樂諸見菩
薩於諸見而不動文殊師利言居士所疾爲
何等相維摩詰言我病无形不可見又問此
病身合耶心合耶答曰非身合身相離故亦
非心合心如幻故又問地大水大火大風大於
此四大何大之病答曰是病非地大亦不離
地大水火風大亦復如是而衆生病從四大
起以其有病是故我病
尒時文殊師利問維摩詰言菩薩應云何
慰喻有疾菩薩維摩詰言説身无常不説
猒離於身説身有苦不説樂於涅槃説身无我

厭離於身說身有苦不說樂於涅槃說身无我
說教導眾生說身空寂不說畢竟寂滅說
悔先罪而不說入於過去以己之疾愍於彼疾
當識宿世无數劫苦當念饒益一切眾生憶
所脩福念於淨命勿生憂惱常起精進當作
醫王療治眾病菩薩應如是慰喻有疾菩
薩令其歡喜
文殊師利言居士有疾菩薩云何調伏其心
維摩詰言有疾菩薩應作是念今我此病皆
從前世妄想顛倒諸煩惱生无有實法誰受
病者所以者何四大合故假名為身四大无主
身亦无我又此病起皆由著我是故於我不
應生著既知病本即除我想及眾生想當起

想應作是念但以衆法合成此身起唯法
起滅唯法滅又此法者各不相知起時不言
我起滅時不言我滅彼有疾菩薩為滅法
想當作是念此法想者亦是顛倒顛倒者是即
大患我應離之云何為離離我我所云何離我
我所謂離二法云何離二法謂不念內外諸法
行於平等云何平等謂我等涅槃等所以者
何我及涅槃此二皆空以何為空但以名字
故空如此二法无决定性得是平等无有餘
病唯有空病空病亦空是有疾菩薩以无
所受而受諸受未具佛法亦不滅受而取證
也設身有苦念惡趣衆生起大悲心我既
調伏亦當調伏一切衆生但除其病而不除

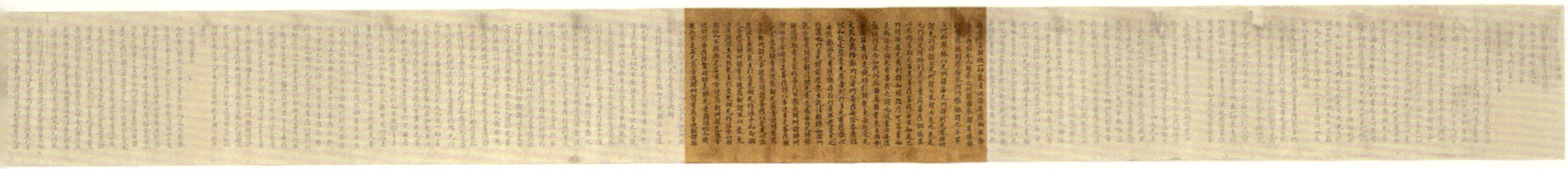

調伏亦當調伏一切衆生但除其病而不除
法爲斷病本而教導之何謂病本謂有攀緣
從有攀緣則爲病本何所攀緣謂之三界
云何斷攀緣以无所得若无所得則无攀緣何
謂无所得謂二見何謂二見謂内見外見是
无所得文殊師利是爲有病菩薩調伏其
心爲斷老病死苦是菩薩菩提若不如是已
所脩治爲无恵利辟如勝怨乃可爲勇如
是斷除老病死者菩薩之謂也彼有疾菩薩
應復作是念如我此病非真非有衆生病亦
非真非有作是觀時於諸衆生若起愛見
大悲即應捨離所以者何菩薩斷除客塵煩
惱而起大悲愛見悲者則於生死有疲厭心

若能離此无有疲厭在在所生不為愛見之
所覆也所生无縛能為衆生說法解縛如佛所
說若自有縛能解彼縛无有是處若自无縛能
解彼縛斯有是處故菩薩不應起縛何謂縛何
謂解貪著禪味是菩薩縛以方便生是菩薩解
又无方便慧縛有方便慧解无慧方便縛有慧
方便解何謂无方便慧縛謂菩薩以愛見心莊
嚴佛土成就衆生於空无相无作法中而自調
无方便慧縛何謂有方便慧解謂不以愛見
心莊嚴佛土成就衆生於空无相无作法中以自
調伏而不疲厭是名有方便慧解何謂无慧方
便縛謂菩薩住貪欲瞋恚邪見等諸煩惱而殖
衆德本是名无慧方便縛何謂有慧方便解謂離

衆德本是名无慧方便縛何謂有慧方便解謂離
諸貪欲瞋恚邪見等諸煩惱而殖衆本迴向阿耨
多羅三藐三菩提是名有慧方便解
文殊師利彼有疾菩薩應如是觀諸法 又復
觀无常苦空非我是名為慧雖身有疾常
在生死饒益一切而不厭惓是名方便又復觀
身身不離病病不離身是病是身非新非故
是名為慧設身有疾而不永滅是名方便文殊
師利有疾菩薩應如是調伏其心不住其中亦復
不住不調伏心所以者何若住不調伏心是愚人
法若住調伏心是聲聞法是故菩薩不當住
於調伏不調伏心離此二法是菩薩行在於生死

凡夫行非賢聖行是菩薩行非垢行非淨行
是菩薩行雖過魔行而現降衆魔是菩薩行求
一切智无非時求是菩薩行雖觀諸法不生而不
入正位是菩薩行雖觀十二緣起而入諸耶見菩
薩行雖攝一切行雖觀十二緣起而入諸耶見
菩薩行雖攝一切衆生而不愛著是菩薩行
雖樂遠離而不依身心盡是菩薩行雖行三界而
不壞法性是菩薩行雖行於空而殖德本是菩
薩行雖行无相而度衆生是菩薩行雖无作
而現受身是菩薩行雖行无起而起一切善
行是菩薩行雖行六波羅蜜而遍知衆生心
心數法是菩薩行雖行六通而不盡漏是菩
薩行雖行四无量心而不貪著生於梵世是

BD00052　維摩詰所説經卷中

心數法是菩薩行雖行六通而不盡漏是菩
薩行雖行四无量心而不貪著生於梵世是
菩薩行雖行禪定解脫三昧而不隨禪生是
菩薩行雖行四念處而不永離身受心法是
菩薩行雖行四正勤而不捨身心精進是菩
薩行雖行四如意足而得自在神通是菩薩
行雖行五根而分別衆生諸根利鈍是菩薩
行雖行五力而樂求佛十力是菩薩行雖
行七覺分而分別佛之智慧是菩薩行雖
行八正道而樂行无量佛法是菩薩行雖行止
觀助道之法而不畢竟墮於寂滅是菩薩行雖
行諸法不生不滅而以想好莊嚴其身是菩薩
行雖現聲聞辟支佛威儀而不捨佛法是菩薩

行雖隨諸法究竟淨相而隨所應為現其身是菩
薩行雖觀諸佛國土永寂如空而現種種清淨
佛土是菩薩行雖得佛道轉于法輪入於涅槃而
不捨於菩薩之道是菩薩行說是語時文殊師利
所將大衆其中八千天子皆發阿耨多羅三藐三
菩提心

不思議品第六　一品

尒時舍利弗見此室中无有床座作是念斯諸
菩薩大弟子衆當於何坐長者維摩詰知其意
語舍利弗言云何仁者為法来耶求床座耶舍
利弗言我為法来非為床座維摩詰言唯舍利
弗夫求法者不貪軀命何況床座夫求法者非
有色受想行識之求非有界入之求非有欲色无色

有色受想行識之求非有界入之求非有欲色无色
之求唯舍利弗夫求法者不著佛求不著法求不
著衆求夫求法者无見苦求无斷集求无造盡證
脩道之求所以者何法无戲論若言我當見苦斷
集滅證脩道是則戲論非求法也唯舍利弗法名
寂滅若行生滅是求生滅非求法也法名无染若
染於法乃至涅槃是則染著非求法也法无行處
若行於法是則行處非求法也法无取捨若取捨 炊[?]
是則取捨非求法也法无處所若著處所是則著
處非求法也法名无相若隨相識是則求相非法也法
不可住若住於法是則住法非求法也法不可見聞
覺知若行見聞覺知是則見聞覺知非求法也法
名无為若行有為是求有為非求法也是故舍

[illegible]一切法應无所求說是語時五
百天子於諸法中得法眼淨尒時長者維摩詰
問文殊師利仁者遊於无量千万億阿僧祇國何
等佛土有好上妙功德成就師子之座文殊師利言
居士東方度卅六恒河沙國有世界名須弥相其佛
号須弥燈王今現在彼佛身長八万四千由旬其師
子座高八万四千由旬嚴飾第一於是長者維摩詰
現神通力即時彼佛遣三万二千師子座高廣嚴
淨来入維摩詰室諸菩薩大弟子釋梵四天王
等昔所未見其室廣博悉苞容三万二千師子
座无所妨礙於毗耶離城及閻浮提四天下亦不
迫迮悉見如故尒時維摩詰語文殊師利就師
子座與諸菩薩上人俱坐當自立身如彼坐像其
得神通菩薩即自變形為四万二千由旬坐師

子座與諸菩薩上人俱坐當自立身如彼坐像其
得神通菩薩即自變形為四万二千由旬坐師
子座諸新發意菩薩及大弟子皆不能昇尒
時維摩詰語舍利弗就師子座舍利弗言居士此
座高廣吾不能昇維摩詰言唯舍利弗為須弥
燈王如來作礼乃可得坐於是新發意菩薩及
大弟子即為須弥燈王如來作礼便得坐師子座
舍利弗言居士未曾有也如是小室乃容受此高
廣之座於毗耶離城无所妨礙又於閻浮提聚落
城邑及四天下諸天龍王鬼神宮殿亦不迫迮維
摩詰言唯舍利弗諸菩薩有解脫名不可思
議若菩薩住是解脫者以須弥之高廣內芥子
中无所增減須弥山王本相如故而四天王忉利

謂我不覺不知己之所入唯應度者乃見須彌入
芥子中是名不可思議解脫法門又以四大海水
入一毛孔不嬈魚鼈黿鼉水性之屬而彼大海本
相如故諸龍鬼神阿脩羅等不覺不知己之所
入於此衆生亦无所嬈又舍利弗住不可思議
解脫菩薩斷取三千大千世界如陶家輪著
右掌中擲過恒河沙世界之外其中衆生
不覺不知己之所往又復還置本處都不使人
有往來想而此世界本相如故又舍利弗或有
衆生樂久住世而可度者菩薩即演七日以
為一劫令彼衆生謂之一劫或有衆生不樂久
住而可度者菩薩即促一劫以為七日令彼
衆生謂之七日又舍利弗住不可思議解脫

BD00052　維摩詰所說經卷中

衆生謂之七日又舍利弗住不可思議解脱
菩薩以一切佛土嚴餝之事集在一國示於
衆生又菩薩以一佛土衆生置之右掌飛到十
方遍示一切而不動本處又舍利弗十方衆生
供養諸佛之具菩薩於一毛孔皆令得見又十
方國土所有日月星宿於一毛孔普使見之又舍
利弗十方世界所有諸風菩薩悉能吸著口中
而身无損外諸樹木亦不摧折又十方世界劫
盡燒時以一切火内於腹中火事如故而不爲害

又於下方過恒河沙等諸佛世界取一佛土舉著
上方過恒河沙无數世界如持針鋒舉一棗葉而
无所嬈又舍利弗住不可思議解脱菩薩能以神
通現作佛身或現辟支佛身或現

梵身或現帝釋身或現世主身或現轉輪王身又十
方世界所有衆聲上中下音皆能變之令作佛聲
演出无常苦空无我之音及十方諸佛所說種種之
法皆於其中普令得聞舍利弗我今略說菩薩不
可思議解脫之力若廣說者窮劫不盡是時大
迦葉聞說菩薩不可思議解脫法門歎未曾有
謂舍利弗譬如有人於盲者前現衆色像非彼
所見一切聲聞聞是不可思議解脫法門不能解了
為若此也智者聞是其誰不發阿耨多羅三藐三菩
提心我等何為永絕其根於此大乘已如敗種一
切聲聞聞是不可思議解脫法門皆應號泣聲
震三千大千世界一切菩薩應大欣慶頂受此法若
有菩薩信解不可思議解脫門者一切魔衆无如之

有菩薩信解不可思議解脫門者一切魔衆无如之
何大迦葉説是語時三万二千天子皆發阿耨多羅三
藐三菩提心尒時維摩詰大迦葉仁者十方无量
阿僧祇世界中作魔王者多是住不可思議解脫菩
薩以方便力教化衆生現作魔王又迦葉十方无量
菩薩或有人從乞手足耳鼻頭目髓腦血肉皮骨聚
落城邑妻子奴婢象馬車乘金銀瑠璃車璖馬瑙
珊瑚虎珀真珠珂貝衣服飲食如此乞者多是住
不可思議解脫菩薩以方便力而往試之令其堅
固所以者何住不可思議解脫菩薩有威德力
故行逼迫示諸衆生如是難事凡夫下劣无有力勢
不能如是逼迫菩薩譬如龍象蹴踏非驢所堪
是名住不可思議解脫菩薩智慧方便之門

觀衆生品第七

尒時文殊師利問維摩詰言菩薩云何觀於衆
生維摩詰言譬如幻師見所幻人菩薩觀衆生
為若此如智者見水中月如鏡中見其面像如熱
時焰如呼聲響如空中雲如水聚沫如水上泡如芭
蕉堅如電久住如第五大如第六陰如第七情如
第十三入如十九界菩薩觀衆生為若此如无色界
色如燋穀牙如須陁洹身見如阿那含入胎如阿
羅漢三毒如得忍菩薩貪恚毀禁如佛煩惱習如
盲者見色如入滅盡定出入息如空中鳥跡如石女
兒如化人煩惱如夢所見已寤如滅度者受身如
无烟之火菩薩觀衆生為若此
文殊師利言若菩薩作是觀者云何行慈維

BD00052　維摩詰所説經卷中

文殊師利言若菩薩作是觀者云何行慈維
摩詰言菩薩作是觀已自念我當爲衆生說
如斯法是即真實慈也行寂滅慈无所生故行
不熱慈无煩惱故行等之慈等三世故行无諍慈
无所起故行不二慈內外不合故行不壞慈畢竟盡
故行堅固慈心无毀故行清淨慈諸法性淨故行无
邊慈如虛空故行阿羅漢慈破結賊故行菩薩慈
安衆生故行如來慈得如相故行佛之慈覺衆
生故行自然慈无因得故行菩提慈等一味故行无
比慈斷諸愛故行大悲慈導以大乘故行无猒
慈觀空无我故行法施慈无遺惜故行持戒慈化
毀禁故行忍辱慈護彼我故行精進慈荷負衆
生故行禪定慈不受味故行智慧慈无不知時故

行方便慈一切示現故行无隱慈直心清淨故行
深心慈无雜行故行无誑慈不虛假故行安樂慈
令得佛樂故菩薩之慈為若此也
文殊師利又問何謂為悲荅曰菩薩所作功德
皆與一切衆生共之何謂為喜荅曰有所饒益
歡喜无悔何謂為捨荅曰所作福祐无所希望
文殊師利又問生死有畏菩薩當何所依維摩詰
言菩薩於生死畏中當依如來功德之力文殊師利
又問菩薩欲依如來功德之力當於何住荅曰菩薩
依如來功德力者當住度脫一切衆生又問欲度衆
生當何所除荅曰欲度衆生除其煩惱又問欲
除煩惱當何所行荅曰當行正念又問云何行於
正念荅曰當行不生不滅又問何法不生何法不

正念答曰當行不生不滅又問何法不生何法不
滅答曰不善不生善法不滅又問善不善孰
為本答曰身為本又問身孰為本答曰欲貪為
本又問欲貪孰為本答曰虛妄分別為本又問虛妄
分別孰為本答曰顛倒想為本又問顛倒想孰
為本答曰无住為本又問无住孰為本答曰无住
則无本文殊師利從无住本立一切法
時維摩詰室有一天女見諸大人聞所說法便現
其身即以天華散諸菩薩大弟子上華至諸
菩薩即皆墮落至大弟子便著不墮一切弟
子神力去華不能令去尒時天問舍利弗何
故去華答曰此華不如法是以去之天曰勿
謂此華為不如法所以者何是華无所分別仁

者自生分別耳若於佛法出家有所分別為
不如法若无分別是則如法觀諸菩薩華不著
者以斷一切分別想故譬如人畏時非人得其
便如是弟子畏生死故色聲香味觸得其便
已離畏者一切五欲无能為也結習未盡華著
身耳結習盡者華不著也舍利弗言天止此室其
已久如荅曰我止此室如耆年解脫舍利弗言
止此久耶天曰耆年解脫亦何如久舍利弗默然
不荅天曰如何耆舊大智而默荅曰解脫者无
所言說故吾於是不知所云天曰言說文字皆
解脫相所以者何解脫者不內不外不在兩閒文字
亦不內不外不在兩閒是故舍利弗无離文字說
解脫也所以者何一切諸法是解脫相舍利弗言
不復以離婬怒癡為解脫乎天曰佛為增上慢

解脱也所以者何一切諸法是解脱相舍利弗言
不復以離婬怒癡爲解脱乎天曰佛爲增上慢
人説離婬怒癡爲解脱耳若无增上慢者佛
説婬怒癡性即是解脱舍利弗言善哉善哉天
女汝何所得以何爲證辯乃如是天曰我无得无
證故辯如是所以者何若有得有證者則於佛法
爲增上慢舍利弗問天汝於三乘爲何志求天
曰以聲聞法化衆生故我爲聲聞以因緣法化衆
生故我爲辟支佛以大悲化衆生故我爲大乘舍
利弗如人入瞻蔔林唯齅瞻蔔不齅餘香如是若入
此室但聞佛功德之香不樂聞聲聞辟支佛功德香
也舍利弗其有釋梵四天王諸天龍鬼神等入此室
者聞斯上人講説正法皆樂佛功德之香發心而

止舍利弗吾止此室十有二年初不聞說聲聞
辟支佛法但聞菩薩大慈大悲不可思議諸佛之
法舍利弗此室常現八未曾有難得之法何等為八
此室常以金色光照晝夜无異不以日月所照為明
是為一未曾有難得之法此室入者不為諸垢之所
惱也是為二未曾有難得之法此室常有釋梵四天
王他方菩薩來會不絕是為三未曾有難得之法
此室常說六波羅蜜不退轉法是為四未曾有難
得之法此室常作天人第一之樂絃出无量法化之
聲是為五未曾有難得之法此室有四大藏眾
寶積滿周窮濟乏求得无盡是為六未曾有難
得之法此室釋迦牟尼佛阿弥陁佛阿閦佛寶德
寶焰寶月寶嚴難勝師子響一切利成如是等

BD00052　維摩詰所説經卷中

寶焰寶月寶嚴難勝師子響一切利成如是等
十方无量諸佛是上人念時即皆爲來廣說諸
佛秘要法藏說已還去是爲七未曾有難得之
法此室一切諸天嚴飾宮殿諸佛淨土皆於中現
是爲八未曾有難得之法舍利弗此室常現八未
曾有難得之法誰有見斯不思議事而復樂於聲
聞法乎
舍利弗言汝何以不轉女身天曰我從十二年
來求女人相了不可得當何所轉譬如幻師化
作幻女若有人問何以不轉女身是人爲正問不
舍利不言不也幻无定相當何所轉天曰一切諸法
亦復如是无有定相云何乃問不轉女身即時天
女以神通力變舍利弗令如天女天自化身如舍

利弗而問言何以不轉女身舍利弗以天女像而答
言我今不知何轉而變為女身天曰舍利弗若能
轉此女身則一切女人亦當能轉如舍利弗非女而
現女身一切女人亦復如是雖現女身而非女也是
故佛說一切諸法非男非女即時天女還攝神力
舍利弗身還復如故天問舍利弗女身色相今何所
在舍利弗言女身色相无在无不在天曰一切諸法
亦復如是无在不在夫无在无不在者佛所說也
舍利弗問天汝於此沒當生何所天曰佛化所生
吾如彼生曰佛所生非沒生也天曰衆生猶然无
沒生也舍利弗問天汝久如當得阿耨多羅三藐
三菩提天曰如舍利弗還為凡夫我乃當成阿
耨多羅三藐三菩提舍利弗言我作凡夫无有

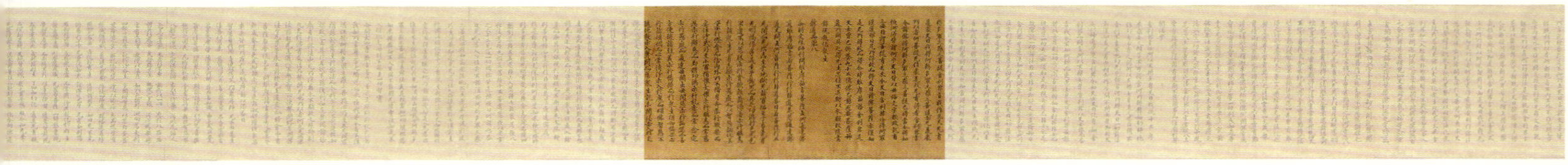

耨多羅三藐三菩提舍利弗言我作凡夫无有
是處天曰我得阿耨多羅三藐三菩提亦无是處
所以者何菩提无住處是故无有得者舍利弗言
今諸佛得阿耨多羅三藐三菩提已得當得如
恒河沙皆謂何乎天曰皆以世俗文字數故說有
三世非謂菩提有去來今天曰舍利弗汝得阿羅
漢道邪曰无所得故而得天曰諸佛菩薩亦復如
是无所得故而得尒時維摩詰語舍利弗是
天女曾已供養九十二億佛已能遊戲菩薩神
通所願具足得无生忍住不退轉以本願故隨意
能現教化衆生

佛道品第八

尒時文殊師利問維摩詰言菩薩云何通達佛

道維摩詰言若菩薩行於非道是為通達佛
道文問云何菩薩行於非道荅曰若菩薩行五
无間而无惱恚至于地獄无諸罪垢至于畜生无有
无明憍慢等過至于餓鬼而具足功德行色无色
界道不以為勝亦行貪欲離諸染著亦行瞋恚
於諸眾生无有恚礙亦行愚癡而以智慧調伏其
心亦行慳貪而捨內外所不惜身命亦行毀禁而
安住淨戒乃至小罪猶懷大懼亦行瞋恚而常慈
忍亦行懈怠而勤脩功德亦行亂意而常念定
亦行愚癡而通達世間出世間慧亦行諂偽而善
方便隨諸經義亦行憍慢而於眾生猶如橋梁亦
行諸煩惱而心常清淨亦入於魔而順佛智慧不
隨他教亦入聲聞而為眾生說未聞法亦入辟支

隨他教亦入聲聞而為衆生說未聞法亦入辟支佛而成就大悲教化衆生亦入貧窮而有寶手功德无盡亦入形殘而具諸相好以自莊嚴亦入下賤而生佛種姓中具諸功德亦入羸劣醜陋而得那羅延身一切衆生之所樂見亦入老病而永斷病根超越死畏亦有資生而恒觀无常實无所貪亦有妻妾婇女而常遠離五欲淤泥現於訥鈍而成辯才總持无失亦入邪濟而以正濟度諸衆生現遍入諸道而斷其因緣現於涅槃而不斷生死文殊師利菩薩能如是行於非道是為通達佛道

於是維摩詰問文殊師利何等為如來種文殊師利言有身為種无明有愛為種貪恚癡為種四顛倒為種五蓋為種六入為種七識處為種八

邪行為種九惱處為種十不善道為種以要言

之六十二見及一切煩惱皆是佛種曰何謂也答

曰見无為入正位者不能復發阿耨多羅三藐

三菩提心譬如高原陸地不生蓮華卑濕淤泥

乃生此華如是見无為法入正位者終不復能生

於佛法煩惱泥中乃有衆生起佛法耳又如殖種於

空終不得生糞壤之地乃能滋茂如是入无為正

位者不生佛法起於我見如須弥山猶能發于阿耨多

羅三藐三菩提心生佛法矣是故當知一切煩惱為

如来種譬如不入巨海不能得无價寶珠如是不

入煩惱大海則不能生一切智寶

尒時大迦葉歎言善哉善哉文殊師利快説此語

誠如所言塵勞之疇為如来種我等今者不復

BD00052 維摩詰所説經卷中

識如所言塵勞之疇為如來種我等今者不復
堪任發阿耨多羅三藐三菩提心乃至五无間罪
猶能發意生於佛法而今我等永不能發辟如
根敗之士其於五欲不能復利如是聲聞諸結
斷者於佛法中无所復益永不願故文殊師利
凡夫於佛有反復而聲聞无也所以者何凡夫聞佛
法能起无上道心不斷三寶正使聲聞終身聞佛
法力无畏等永不能發无上道意尒時會中有
菩薩名普現色身問維摩詰言居士父母妻子
親慼眷屬吏民知識悉為是誰奴婢僮僕象馬
車乘皆何所在於是維摩詰以偈荅曰
智度菩薩母　方便以為父　一切衆導師　无不由是生

弟子衆塵勞　隨意之所轉　道品善知識　由是成正覺
諸度法等侶　四攝衆妓女　歌詠誦法言　以此為音樂
捴持之園苑　无漏法林樹　覺意淨妙華　解脫智慧果
八解之浴池　定水湛然滿　布以七淨華　浴此无垢人
象馬五通馳　大乘以為車　調御以一心　遊於八正路
相具以嚴容　衆好飾其姿　慚愧之上服　深心為華鬘
富有七財寶　教授以滋息　如所說脩行　迴向為大利
四禪為牀座　從於淨命生　多聞增智慧　以為自覺音
甘露法之食　解脫味為漿　淨心以澡浴　戒品為塗香
摧滅煩惱賊　勇健无能踰　降伏四種魔　勝幡建道場
雖知无起滅　示彼故有生　悉現諸國土　如日无不見
供養於十方　无量億如來　諸佛及己身　无有分別想
雖知諸佛國　及與衆生空　而常脩淨土　教化於群生

BD00052　維摩詰所説經卷中

雖知諸佛國 及與衆生空 而常脩淨土 教化於群生
諸有衆生類 形聲及威儀 无畏力菩薩 一時能盡現
覺知衆魔事 而示隨其行 以善方便智 隨意皆能現
或示老病死 成就諸群生 了知如幻化 通達无有礙
或現劫盡燒 天地皆洞然 衆人有常想 照令知无常
无數億衆生 俱來請菩薩 一時到其舍 化令向佛道
經書禁呪術 工巧諸伎藝 盡現行此事 饒益諸群生
世間衆道法 悉於中出家 因以解人惑 而不墮邪見
或作日月天 梵王世界主 或時作地水 或復作風火
劫中有疾疫 現作諸藥草 若有服之者 除病消衆毒
劫中有飢饉 現身作飲食 先救彼飢渴 却以法語人
劫中有刀兵 為之起慈悲 化彼諸衆生 令住无諍地
若有大戰陣 立之以等力 菩薩現威勢 降伏使和安

一切國土中　諸有地獄處　輒往到于彼　勉濟其苦惱
一切國土中　畜生相噉食　皆現生於彼　為之作利益
亦受於五欲　亦復現行禪　令魔心憒亂　不能得其便
火中生蓮華　是可謂希有　在欲而行禪　希有亦如是
或現作婬女　引諸好色者　先以欲鉤牽　後令入佛智
或為邑中主　或作商人導　國師及大臣　以祐利衆生
諸有貧窮者　現為无盡藏　因以勸導之　令發菩提心
我心憍慢者　為現大力士　消伏諸貢高　令住佛上道
其有恐懼衆　居前而安慰　先施以无畏　後令發道心
或現離婬欲　為五通仙人　開導諸群生　令住戒忍慈
見須供事者　現為作僮僕　既悅可其意　乃發以道心
隨彼之所須　得入於佛道　以善方便力　皆能給足之
如是道无量　所行无有涯　智慧无邊際　度脫无數衆

BD00052　維摩詰所説經卷中

如是道无量　所行无有崖　智慧无邊際　度脫无數衆
假令一切佛　於无數億劫　讚歎其功德　猶尚不能盡
誰聞如是法　不發菩提心　除彼不肖人　癡冥无智者

入不二法門品第九

尒時維摩詰謂衆菩薩言諸仁者云何菩薩入
不二法門各隨所樂說之會中有菩薩名法自
在說言諸仁者生滅為二法本不生今則无滅得
此无生法忍是為入不二法門
德守菩薩曰我我所為二因有我故便有我所
若无有我則无我所是為入不二法門
不眴菩薩曰受不受為二若法不受則不可得以
不可得故无取无捨无作无行是為入不二法門
德頂菩薩曰垢淨為二見垢實性則无淨相順

於滅相是為入不二法門
善宿菩薩曰是動是念為二不動則无念无念
則无分別通達此者是為入不二法門
善眼菩薩曰一相无相為二若知一相即是无相亦
不取无相入於平等是為入不二法門
妙臂菩薩曰菩薩心聲聞心為二觀心相空如幻
化者无菩薩心无聲聞心是為入不二法門
弗沙菩薩曰善不善為二若不起善不善入无
相際而通達者為入不二法門
師子菩薩曰罪福為二若達罪性則與福无異以
金剛慧決了此相无縛无解者是為入不二法門
師子意菩薩曰有漏无漏為二若得諸法等則
不起漏不漏想不著於相亦不住无相是為入不

不起漏不漏想不著於相亦不住无相是爲入不
二法門
淨解菩薩曰有爲无爲爲二若離一切數則心
如虛空以清淨慧无所礙者是爲入不二法門
那羅延菩薩曰世間出世間爲二世間性空即是
出間於其中不入不出不溢不散是爲入不二法門
善意菩薩曰生死涅槃爲二若見生死性則无生死
无縛无解不然不滅如是解者是爲入不二法門
現見菩薩曰盡不盡爲二法若究竟盡若不盡
皆是无盡相无盡相即是空空則无有盡不盡相
如是入者是爲入不二法門
普守菩薩曰我无我爲二我尚不可得非我何可
得見我實性者不復起二是爲[illegible]不二法門

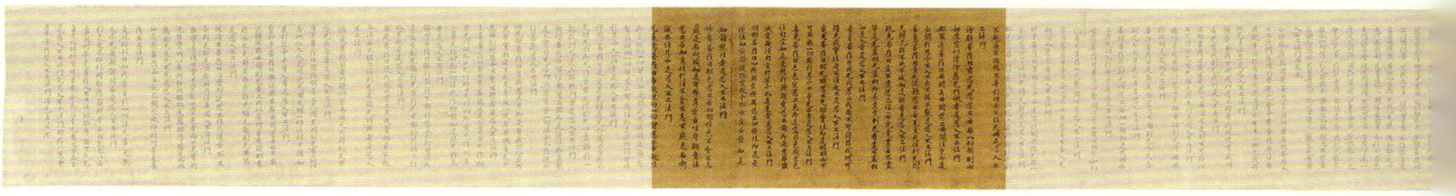

雷天菩薩曰明无明為二无明實性即是明明亦不
可取離一切數於其中平等无二者是為入不二法門
喜見菩薩曰色色空為二色即是空非色滅空色
性自空如是受想行識識空為二識即是空非識
滅空識性自空於其中而通達者是為入不二法門
明相菩薩曰四種異空種異為二四種性即是空
種性如前際後際空故中際亦空若能如是
知諸種性者是為入不二法門
妙意菩薩曰眼色為二若知眼性於色不貪不恚
癡是名寂滅如是耳聲鼻香舌味身觸意法
為二若知意性於法不貪不恚不癡是名寂
滅安住其中是為入不二法門
无盡意菩薩曰布施迴向一切智為二布施性

BD00052　維摩詰所說經卷中

滅安住其中是為入不二法門
无盡意菩薩曰布施迴向一切智為二布施性
即是迴向一切智性如是持戒忍辱精進禪定
智慧迴向一切智為二智慧性即是迴向一切智性
於其中入一相者是為入不二法門
深慧菩薩曰是空是无相是无作為二空即无
无相无相即无作若空无作則无心意識於一
解脫門即是三解脫門者是為入不二法門
寂根菩薩曰佛法衆為二佛即是法法即是衆
是三寶皆无為相與虛空等一切法亦尒能隨此
行者是為入不二法門
心无礙菩薩曰身滅為二身即是身滅所以者何
見身實相者不起見身及見滅身身與滅身无二

无分别於其中不驚不懼者是為入不二法門
上善菩薩曰身口意善為二是三業皆无作相
身无作相即口无作相口无作相即意无作相是
三業无作相即一切法无作相能如是隨无作慧
者是為入不二法門
福田菩薩曰福行罪行不動行為二三行實性即
是空空則无福行无罪行无不動行於此三行
而不起者是為入不二法門
華嚴菩薩曰從我起二為二見我實相者不起
二法若不住二法則无有識无所識者是為入
不二法門
德藏菩薩曰有所得相為二若无所得則无取
捨无取捨者是為入不二法門

捨无取捨者是爲入不二法門
月上菩薩曰闇與明爲二无闇无明則无有二所以
者何如入滅受想定无闇无明一切法相亦復如
是於其中平等入者是爲入不二法門
寶印手菩薩曰樂涅槃不樂世間爲二若不樂
涅槃不猒世間則无有二所以者何若有縛則有
解若本无縛其誰求解无縛无解則无樂猒
是爲入不二法門
珠頂王菩薩曰正道邪道爲二住正道者則不
分別是邪是正離此二法是爲入不二法門
樂實菩薩曰實不實爲二實見者尚不見實何
況非實所以者何非肉眼所見慧眼乃能見而此
慧眼无見无不見是爲入不二法門

如是諸菩薩各各說已問文殊師利何等是菩
薩不二法門
文殊師利曰如我意者於一切法无言无說
无示无識離諸問答是為入不二法門
於是文殊師利問維摩詰我等各自說已仁者
當說何等是菩薩入不二法門時維摩詰嘿然无
言文殊師利歎曰善哉善哉乃至无有文字語言
是真入不二法門說是入不二法門時於此衆中
五千菩薩皆入不二法門得无生法忍

圖書在版編目（CIP）數據

中國國家圖書館藏敦煌文獻．第三册／中國國家圖書館編．—北京：國家圖書館出版社，2023.12

ISBN 978-7-5013-7878-4

Ⅰ．①中… Ⅱ．①中… Ⅲ．①敦煌學－文獻 Ⅳ．① K870.6

中國國家版本館 CIP 數據核字（2023）第 211111 號

書　　名	中國國家圖書館藏敦煌文獻·第三册
著　　者	中國國家圖書館　編
項目統籌	魏　崇　殷夢霞
責任編輯	潘　竹　程魯潔　黄　鑫　苗文葉
責任校對	劉宇石　王　衡
出版發行	國家圖書館出版社（北京市西城區文津街 7 號　100034） （原書目文獻出版社　北京圖書館出版社） 010-66114536　63802249　nlcpress@nlc.cn（郵購）
網　　址	http://www.nlcpress.com
排版印裝	天津裕同印刷有限公司
版次印次	2023 年 12 月第 1 版　2023 年 12 月第 1 次印刷
開　　本	787 × 1092　1/8
印　　張	45.5
書　　號	ISBN 978-7-5013-7878-4
定　　價	2800.00 圓